依法治国背景下
大学生法治素养培育研究

朱颖栋◎著

中国原子能出版社

图书在版编目（CIP）数据

依法治国背景下大学生法治素养培育研究 / 朱颖栋
著. --北京：中国原子能出版社，2023.11

ISBN 978-7-5221-3137-5

Ⅰ.①依…　Ⅱ.①朱…　Ⅲ.①大学生–社会主义法治
–法制教育–研究–中国　Ⅳ.①D920.4②G641.5

中国国家版本馆 CIP 数据核字（2023）第 233296 号

依法治国背景下大学生法治素养培育研究

出版发行	中国原子能出版社（北京市海淀区阜成路 43 号　100048）
责任编辑	杨　青　陈佳艺
责任印制	赵　明
印　　刷	河北宝昌佳彩印刷有限公司
经　　销	全国新华书店
开　　本	787 mm×1092 mm　1/16
印　　张	15.75
字　　数	210 千字
版　　次	2023 年 11 月第 1 版　2023 年 11 月第 1 次印刷
书　　号	ISBN 978-7-5221-3137-5　　　定　价　76.00 元

前　言

依法治国是中国特色社会主义伟大实践的重要组成部分，也是国家治理体系和治理能力现代化的必然要求。我国明确提出了全面依法治国的重要战略举措，将法治建设摆在国家发展全局的核心位置。为了实现法治国家建设的宏伟目标，培育并提高全社会的法治素养是至关重要的，而大学生作为国家未来的建设者，对其法治素养的培育尤为重要。

在中国特色社会主义事业不断发展壮大的过程中，法治素养的培育成为大学生教育的重要任务之一。大学生是国家的希望，他们在学习生活中培养和提高法治素养，将为中国特色社会主义伟大实践的深入推进奠定坚实的基础、发挥强大的力量。同时，大学生法治素养的培育也直接关系到国家治理体系和治理能力现代化的实现，是法治中国建设的基础和保障。通过深入研究和探讨大学生法治素养的培育，可以更好地为国家法治建设提供有力的人才支持，推动国家治理体系和治理能力的现代化，实现全面依法治国的宏伟目标。

本书旨在深入探讨依法治国背景下，大学生法治素养的培育问题，分析现状、问题和挑战，提出相应的对策和建议。通过研究，我们可以更好地认识大学生法治素养的重要性，了解培育大学生法治素养的方法和路径，促进国家法治建设的不断深化。同时，本研究也对大学生法治教育提供参考和借鉴，为大学生法治素养的培育提供有益的思考和指导。

目　　录

第一章　法治教育理论基础

第一节　法治教育的概念与内涵

一、法治教育的定义

法治教育作为社会教育体系的一部分，一直以来都备受关注，它不仅关系到国家的法治建设，也直接影响到每个人的生活，在当今社会，法治教育的重要性日益凸显。以下内容将探讨法治教育的定义、目标、实施方式及其在现代社会中的重要性。

（一）法治教育的定义

法治教育是一种教育形式，旨在向个人和社会传授法律知识和法律价值观，以促进法治意识的培养和法律遵从的推广。法治教育不仅是教授法律规则，还包括教育个体如何理解法律、遵守法律及倡导法治原则。

法治教育的定义涵盖了以下几个重要方面。

1. 法律知识传授

法治教育包括向学生教授法律的基本知识，包括《中华人民共和国宪法》、中国特色社会主义法律体系、法庭程序等，这有助于人们理解他们所处的法律环境，以及法律如何影响他们的权利和义务。

2. 法治意识培养

法治教育旨在培养个体对法治的认同和尊重，这包括了法治理念、法治原则、权利和责任等概念的传达，以使人们认识到法律的重要性。

3. 法律遵从倡导

法治教育还包括倡导遵守法律，尊重法律机构和法庭的权威，以及尊重司法决定，这有助于维护社会秩序和公平。

4. 司法权利意识培养

法治教育还涵盖了对个人司法权利的认识，包括公平审判、法律救济、法庭保护等，这有助于人们了解如何保护自己的法律权益。

5. 道德价值观培养

法治教育通常还与道德和伦理价值观相结合，以帮助个体更好地理解法律与道德的关系。

总的来说，法治教育的定义强调了教育个体关于法律和法治的知识、态度和行为，这有助于构建一个社会，其中每个人都尊重法律、遵守法律，以实现公平和正义。

（二）法治教育的目标

法治教育的目标包括以下几个方面。

1. 提高法律素养

通过法治教育，个体能够更深入地了解法律体系，理解法律的基本原则和规则，从而提高法律素养，这将有助于个体更好地应对法律问题，避免违法行为，以及保护自己的权益。

2. 塑造法治意识

法治教育旨在培养个体对法治的尊重和理解，这将帮助社会建立一个以法律为基础的秩序，减少非法行为和社会不安定。

3. 促进法律遵从

通过法治教育，社会能够更好地推动法律遵从，人们了解法律的重要性，可以更好地遵守法律，减少违法行为的发生。

4. 保障司法权益

法治教育有助于个体认识到他们的司法权益，包括获得公平审判和法律救济的权利，这将帮助他们在法律纠纷中更好地维护自己的权益。

5. 培养社会公民

法治教育还旨在培养负责任的社会公民，他们尊重法律、参与社会事务，能够为社会发展贡献力量。

综合来看，法治教育的目标是建立一个法治社会，其中法律被理解、尊重和遵守，以维护公平、正义和社会秩序。

（三）法治教育的实施方式

法治教育可以通过多种方式实施，包括以下几种。

1. 学校教育

学校是法治教育的主要场所之一。法律课程可以被纳入教育体系，从小学到大学，均都要教授法律知识和法治理念。学校还可以通过举办法治活动、演讲和辩论来促进法治教育。

2. 社区教育

社区组织可以提供法治教育，包括法律讲座、法律咨询和法律知识培训，这有助于将法治教育融入社区生活，让更多人受益。

3. 大众媒体

媒体是另一个重要的法治教育工具。电视、广播、互联网等媒体平台可以传播法律信息，介绍法治案例，以及提供关于法治问题的讨论，这有助于广泛普及法治知识。

4. 在职培训

对于成年人，法治教育可以通过在职培训来实施，公司和组织可以为员工提供法律培训，以帮助他们更好地理解与其工作相关的法律规定。

5. 政府机构和非政府组织

政府机构和非政府组织可以合作开展法治教育项目，这包括了法律援助、法律顾问服务、法律工作坊等。这有助于提供更广泛的法治教育资源，帮助有需要的人。

6. 家庭

家庭也是法治教育的重要场所。父母可以通过与子女讨论法律问题、强调法律规则和道德价值观来进行法治教育，家庭教育在塑造孩子的法治观念中起到关键作用。

综合来看，法治教育应该是多元化的，涵盖不同年龄段和社会群体，这样可以确保更多的人能够接触到法律知识和法治原则，从而实现法治的普及和推广。

二、法治教育的核心元素

法治教育作为培养法治社会的基石，具有至关重要的意义，它不仅有助于个体了解和尊重法律，还有助于社会建立公平、公正和秩序井然的法治体系。以下内容将探讨法治教育的核心元素，深入剖析构成法治教育的要点，以帮助更好地理解法治教育的实质和作用。

法治教育的核心元素包括以下几种。

1. 法律知识传授

法治教育的一个核心元素是传授法律知识，包括《中华人民共和国宪法》（以下简称《宪法》）、中国特色社会主义法律体系、法庭程序、《中华人民共和国民法典》（以下简称《民法典》）、《中华人民共和国刑法》（以下简称《刑法》）等法律领域的基本知识。法治教育应该涵盖广泛的法律主题，以确保学生及公众能够理解法律对他们的生活和社会的影响。

2. 法治原则与价值观

除了法律知识，法治教育还应传授法治原则和价值观，这包括公平、公正、平等、法治原则、尊重人权和民主原则等。学生和公众需要了解这些原则，以确保他们能够理解法律的背后逻辑和伦理基础。

3. 法治意识

法治意识是法治教育的核心，它涵盖了对法律权威的认同和尊重，这包括对法律的普遍尊重、法院和法官的独立性的认可，以及尊重法律决定的态度。法治意识有助于确保公众遵守法律，尊重法治的原则。

4. 法律遵从

法治教育还包括法律遵从的核心要素，这意味着学生和公众应该了解他们的法律义务，避免违法行为，并尊重法律的权威。法治教育应鼓励法律遵从，强调违法行为可能引发的后果。

5. 司法权益

法治教育应教育学生和公众了解他们的司法权益，包括公平审判、法律救济、法庭保护等，这有助于他们在法律纠纷中更好地维护自己的权益。

6. 道德和伦理价值观

法治教育还应该涵盖道德和伦理价值观，这有助于人们理解法律与道德的关系，以及法律如何促进社会的伦理发展。法治教育有助于培养尊重他人权利和尊严的道德观念。

7. 参与和公民意识

公民参与是法治社会的关键要素，法治教育应该培养学生和公众的参与和公民意识，这包括参与选举、公共事务、社会活动和提出法治改进建议的能力。

第二节　法治教育的发展历程

一、法治教育的起源与发展

法治教育是现代社会教育体系的重要组成部分，旨在向个体传授法律知识、法治原则和法治意识，以帮助他们更好地理解和尊重法律、维护司法权益，成为负责任的公民。以下将探讨法治教育的起源与发展，回顾其历史演变和不断壮大的重要性。

（一）法治教育的起源

法治教育是一种旨在培养公民法治观念和法治素养的教育形式，旨在推动社会法治化和维护公平正义。法治教育的起源可以追溯到不同的历史时期和文化背景，但其根本目标是培养公民的法治观念和法治素养，以确保社会秩序和公民的权益得到保护。从古代到现代，从中国到国际，不同文化传统的法制教育演变和发展如下。

1. 古代文明和法治观念的萌芽

法治观念的萌芽可以追溯到古代文明，不同文化传统中都有对法治观念的初步探讨。古代文明也包含了法治观念的元素。古希腊的雅典民主制度中，有法律来规范公民的行为，这可以看作是法治观念的早期体现。古罗马的法律体系对现代法律产生了深远的影响，强调法律的平等和普遍适用。中国儒家思想中也包括了道德和法律的相关讨论，强调社会秩序的维护和个体行为的道德约束。

2. 宗教与法治观念

宗教在法治观念的起源中也发挥了重要作用。不同宗教信仰中都包含了法治观念的元素，强调了道德、公平、正义和法律的重要性，例如，基督教的十诫中规定了道德准则，伊斯兰教的伊斯兰法对穆斯林社区的行为进行了规范，佛教强调了个体的道德行为，这些宗教教义对法治观念的传播和普及产生了深远的影响。

3. 近代法治观念的兴起

近代法治观念的兴起可以追溯到欧洲启蒙时代和美国独立运动。启蒙思想家如孟德斯鸠、洛克、卢梭等强调个体权利和法治原则，对君主专制提出质疑。美国独立运动中的《独立宣言》中强调了法治，规定了公民的权利和政府的责任，这些思想对后来的法治观念和宪政制度的形成产生了深远的影响。

4. 法治教育的发展

法治教育的概念和实践在近代逐渐发展。19 世纪末和 20 世纪初，法治教育开始在西方国家的学校得到推广。法学院的建立和法学课程的发展，为培养具备法治观念和法治素养的专业人才提供了基础。此外，国际社会也逐渐认识到法治教育的重要性，国际组织如联合国和国际刑事法院通过推广法治教育来促进全球法治观念的普及。

5. 现代法治教育的特点

现代法治教育注重培养公民的法治观念和法治素养，强调以下几个特点。

① 多元文化和国际视野：现代法治教育强调多元文化和国际视野，使学生能够理解不同法律体系和文化传统，培养国际化的法治观念。

② 普及和包容性：法治教育旨在普及法治观念，包括在学校和社区中提供法治教育资源，以确保每个公民都能受益。

③ 实践和参与：现代法治教育强调学生的参与和实践，鼓励他们在社区活动中应用法治观念，促进公平正义和社会变革。

④ 技术支持：现代技术的应用使法治教育更具互动性和可访问性，包括在线法治教育资源和虚拟学习环境的开发。

6. 国际社会的法治教育努力

国际社会逐渐认识到法治教育的重要性，促进了法治教育的国际合作。联合国通过教育、科学和文化组织等机构推广法治教育，包括通过国际法治教育联盟促进国际合作，国际刑事法院也通过法治教育项目来推动国际刑事法的理解和普及，这些国际努力旨在促进全球范围内的法治观念传播和法治素养的提高，以应对全球性挑战和问题，如人权保护、环境问题、国际贸易和恐怖主义。

（二）法治教育的现代发展

法治教育是培养公民法治观念和法治素养的教育领域，其发展在现代社会变得尤为重要。随着社会变革、国际化合作和技术发展，法治教育在现代迎来了新的机遇和挑战。以下将探讨法治教育的现代发展趋势及面临的挑战。

1. 法治教育的现代发展趋势

现代社会的发展和变革塑造了法治教育的发展趋势，包括以下几个方面。

① 多元化的教育途径：现代法治教育通过多种途径提供，包括学校课程、社区教育、在线教育和专业培训，这种多元化确保了法治教育的广泛普及。

② 全球化合作：国际合作在法治教育中起到了关键作用，国际组织、政府和民间社会积极推动法治教育的国际化合作，以解决全球性法治问题。

③ 技术应用：现代技术如互联网和虚拟现实为法治教育提供了新的机会，在线法治教育资源、互动式学习工具和虚拟法庭等工具有助于提高法治教育的吸引力和效率。

④ 社会参与和社会变革：现代法治教育强调学生的参与和实践，鼓励他们在社会活动中应用法治观念，促进公平正义和社会变革。

⑤ 全球性问题的关注：法治教育将更加强调人权、环境、社会正义等全球性问题，培养学生关注和应对这些问题的能力。

2. 法治教育面临的挑战

尽管法治教育在现代社会中取得了显著进展，但仍然面临一些挑战，具体如下。

① 资源不均衡：不同地区和社会层面之间的法治教育资源分配不均，一些地区和群体面临资源匮乏问题。

② 文化差异：法治观念和法律体系在不同文化背景下存在差异，法治教育需要适应不同文化的特点。

③ 教育质量：法治教育的质量和内容可能因地区和学校而异，需要确保教育的质量和一致性，以培养具备高水平法治观念和素养的公民。

④ 社会和政治干预：法治教育可能受到政府干预或政治因素的影响，需要维护教育的中立性和独立性，以确保法治观念的传播不受外部压力影响。

（三）法治教育的不断壮大

法治教育是一种旨在培养公民法治观念和法治素养的教育领域，随着现代社会的不断发展，法治教育在全球范围内不断壮大，成为维护社会法治和促进公平正义的关键领域。以下将探讨法治教育的不断壮大的影响因素及未来展望。

1. 影响法治教育壮大的因素

法治教育的壮大受到多种因素的影响，具体如下。

① 社会需求：随着社会的复杂性和全球性挑战的增加，对具备法治观念的公民的需求不断增加。

② 政府支持：政府在推广法治教育方面发挥重要作用，提供资金、政策和法规支持，以促进法治教育的发展。

③ 国际组织的作用：国际组织如联合国、欧洲委员会等在推广法治教育方面发挥关键作用，通过举办国际研讨会、提供教育资源和鼓励国际合作，

加强了法治教育的国际化。

④ 技术发展：现代技术的发展为法治教育提供了新的工具和资源，包括在线课程、虚拟现实体验、教育应用程序等，有助于提高法治教育的吸引力和可访问性。

⑤ 社会运动和公民参与：社会运动和公民社会组织对推动法治教育发展也发挥了关键作用，这些组织通过倡导法治观念、举办法治教育活动、制定教育政策等方式，加强了法治教育的推广。

2. 法治教育的未来展望

法治教育在现代社会中具有重要意义，不仅可以培养公民的法治观念和法治素养，还可以促进社会的法治化和公平正义。未来，法治教育将继续发展，应对新的挑战和机遇。

① 数字时代的法治教育：随着数字技术的不断发展，法治教育将更多地利用在线平台、虚拟现实和人工智能等工具，提供互动性更强的法治教育体验。

② 全球法治合作：国际合作将继续加强，以促进全球范围内的法治观念传播。国际组织、政府和民间社会将共同推动法治教育的国际化合作，以解决全球性问题。

③ 社会参与和社会变革：法治教育将鼓励学生积极参与社会活动，运用法治观念促进公平正义和社会变革。学生将被鼓励关注社会问题，参与公民运动，以推动社会的法治化。

④ 法治教育的多元途径：法治教育将包括多种途径，从学校课程到社区教育、在线资源和专业培训，以确保法治教育的普及和多样性。

⑤ 强调人权和社会正义：法治教育将更加强调人权和社会正义，培养公民关注社会不平等、歧视和人权侵犯，并采取行动。

法治教育的起源可以追溯到古代文明和宗教传统，经过演变和发展，已经成为现代社会中的重要组成部分，它的目标是培养公民的法治观念和法治素养，促进社会的法治化和维护公平正义。国际社会逐渐认识到法治教育的重要性，促进了国际合作来推广法治观念。法治教育的未来将充满挑战和机遇，通过数字技术、全球合作、社会参与和强调人权与社会正义，法治教育将继续在全球范围内发挥重要作用，为更加公平、正义和法治化的社会作出贡献。

二、法治教育在不同时期的演进

法治教育是培养个体对法律体系和法治原则的理解和尊重，成为负责任公民的关键组成部分，它的演进反映了社会对法律和法治的认知和需求的变化。以下将探讨法治教育在不同时期的演进，重点关注古代、近代和现代时期的发展历程。

（一）古代法治教育的演进

古代法治教育是法治观念的重要源泉，它在古代社会中扮演了关键的角色，有助于培养公民的法律意识和法治素养。古代法治教育的演进可以追溯到不同文明和文化背景，如古希腊、古罗马、古印度、中国等。以下将探讨古代法治教育的演进，从不同文明的角度，阐述其起源、特点、目标及影响。

1. 古希腊与民主制度

古希腊是法治观念的重要发源地之一，在古希腊城邦，尤其是雅典，法治观念通过民主制度得以展现。公民在民主政体中参与决策，法律在这个过程中扮演了重要角色。古希腊城邦中的法律体现了公平和平等的原则，通过陪审团制度审理案件，确保公正判决。此外，古希腊的哲学家如苏格拉底、柏拉图和亚里士多德也对法治观念进行了探讨，他们强调了法律的合法性和对法律的尊重，这对古代法治教育产生了深远的影响。

2. 古罗马的法治传统

古罗马的法治传统在古代法治教育中发挥了关键作用，罗马共和国的法律体系是古代世界中最先进的之一，法律的制定和执行由法官负责，他们受到法律的限制，必须按照法律的规定判决案件。古罗马的法治教育注重培养律师和法官，以确保法律的正确理解和适用。此外，罗马的法律原则如平等、普遍适用和契约精神也对后来的法治观念产生了深刻影响。

3. 印度的法治传统

古印度也有丰富的法治传统，印度的法治观念可以追溯到吠舍法典和阿尔达莎斯特拉法典等古代文献，这些文献包括了法律规则、道德原则和社会组织的指导。古印度的法治教育强调了法律的重要性，同时也强调了公民的责任和义务，印度的法律体系也包括了各种裁判机构，以确保法律得到正确执行。

4. 中国的法治思想

中国的法治思想可以追溯到古代的儒家思想，儒家强调了道德和法律的重要性，认为道德行为和法律规定是社会秩序的基础，古代中国的法治教育侧重于培养德才兼备的官员，以确保法律得到恰当的执行。此外，中国的法治传统也包括了律师和法院制度，用于解决争议和审理案件。中国的法治思想在不同朝代中演化，包括秦汉时期的法律统一、唐宋时期的法治理念、明清时期的法典制定等。

5. 法治教育的目标

古代法治教育的主要目标是培养公民的法治观念和法治素养，包括以下几方面。

① 理解法律：帮助公民理解法律的原则、规则和程序，以确保他们知晓法律的存在和作用。

② 尊重法律：促使公民尊重法律，尊重法律的权威，遵守法律规定。

③ 参与法治社会：鼓励公民积极参与社会和政治事务，以确保法律的

公平和公正。

④ 培养法律专业人才：为培养法官、律师、法律学者等法律专业人才提供教育基础。

6. 古代法治教育的影响

古代法治教育的影响不仅体现在当时的社会，也延续到后来的文明和法律体系。古希腊和古罗马的法治观念在欧洲的法律体系中留下了深远的影响。古希腊的民主制度和法治思想为现代民主政治提供了参考和启发，法律的平等和公平原则也深刻影响了西方法律体系。

古罗马的法律传统对现代法律的发展产生了深刻影响，许多现代国家的法律体系基于罗马法的原则，包括法律的平等、普遍适用、契约精神和法官制度。罗马法的原则在欧洲法律体系中占据重要地位，也影响了国际法的发展。

古印度的法治传统对印度和周边国家的法律体系产生了深远的影响，印度的法治思想和法典影响了印度的法律制度。古印度的法律原则如平等、正义和契约精神也在印度社会中保持着重要地位。

中国的法治思想和法律传统影响了中国和东亚地区的法律体系，儒家思想中的道德和法律原则在中国传统文化中占有重要地位，也影响了中国的法律制度和法治观念。古代中国的法律制度和法院制度也为后来的法律体系提供了基础。

总的来说，古代法治教育的演进为现代法治观念和法律制度的发展奠定了基础。不同文明和文化背景下的法治传统相互交流、借鉴，共同构建了丰富多彩的法治教育遗产，这些法治观念和法律原则继续影响着今天的社会和法律体系，为公平正义和法治社会的建设提供了重要的参考和启发。

（二）近现代法治教育的演进

近现代法治教育是法治观念和法治素养在近现代社会中的教育体系，近现代社会的变革和政治体制的发展使法治教育成为一个至关重要的领域，现代法治教育的演进反映了社会的变革和法治观念的深化。以下将探讨近现代法治教育的演进，包括其历史背景、发展趋势、目标和影响。

1. 历史背景

（1）近代法治教育历史背景

近代法治教育的演进与近现代社会的变革和法治观念的崛起密切相关，以下是一些历史背景的关键特点。

① 启蒙运动：18世纪的启蒙运动强调理性、自由和法治，启蒙思想家如孟德斯鸠、伏尔泰和卢梭倡导公民权利和法治原则，这对近代法治观念的兴起产生了深远影响。

② 法治宪政的兴起：近代国家开始倡导法治宪政，强调政府必须依法行事，公民拥有法定权利和自由，法治宪政的发展对法治教育提出了更高要求。

③ 大众教育的普及：近代社会大力推动大众教育，以确保更多人能够接受法治教育，理解法律和法治原则。

（2）现代法治教育历史背景

现代法治教育的演进背后有丰富的历史背景，其中包括以下关键因素。

① 法治宪政的兴起：近代国家开始倡导法治宪政，强调政府必须依法行事，公民拥有法定权利和自由，这为法治教育的发展提供了有力的政治支持。

② 国际法的发展：随着国际社会的互动增加，国际法的发展成为法治教育的一部分，国际法的原则和规则需要通过教育来普及和推广。

③ 技术革命：信息技术的飞速发展为法治教育提供了新的工具和途径，互联网、虚拟现实和在线教育平台使法治教育更具互动性和可访问性。

④ 社会变革和全球化：社会结构和文化背景的变化及全球化趋势对法治教育产生了影响，法治教育需要适应多元文化和多样性的挑战，以培养全

球公民的法治观念。

2. 发展趋势

近现代法治教育的发展趋势包括以下几个方面。

① 多元化的教育途径：现代法治教育有多种途径，包括学校课程、社区教育、在线教育、专业培训和国际交流，这种多元化确保了法治教育的普及。

② 国际合作：国际合作在法治教育中起到了关键作用。国际组织、政府和民间社会积极推动法治教育的国际化合作，以解决全球性法治问题。

③ 技术应用：现代技术如互联网、虚拟现实和人工智能为法治教育提供了新的机会，在线法治教育资源、互动式学习工具和虚拟法庭等工具有助于提高法治教育的吸引力和效率。

④ 社会参与和社会变革：现代法治教育强调学生的参与和实践，鼓励他们在社会活动中应用法治观念，促进公平正义和社会变革。

⑤ 全球性问题的关注：法治教育将更加强调人权、环境、社会正义等全球性问题，培养学生关注和应对这些问题的能力。

3. 法治教育的目标

近现代法治教育的主要目标包括以下几个方面。

① 培养法治观念：帮助学生理解法治的基本原则，如平等、公正和法律的权威。法治观念的培养有助于公民认识到法治的重要性，尊重法律和法治原则。

② 法治素养：提高学生的法治素养，包括了解法律的基本知识、法律的适用和如何行使法律权利。

③ 公民参与：鼓励学生积极参与社会和政治事务，以确保法治的充分体现和社会的法治化，公民的参与对于社会民主和政治参与至关重要。

④ 法律专业人才的培养：通过法学院和法学专业，培养法律专业人才，确保法律领域的专业发展和法治宪政的实施。

4. 法治教育的影响

近现代法治教育的影响在以下几个层面得到体现。

① 法治观念的普及：近现代法治教育有助于普及法治观念，促使公民更加尊重法律和法治原则。

② 法治宪政的实践：近现代法治教育有助于推动法治宪政的实施，国家和政府依法行事，公民拥有法定权利和自由。

③ 社会公平和正义：具备法治素养的公民更容易维护自己的权益，同时也能更好地维护他人的权益，从而促进社会公平和正义。

④ 国际合作和全球法治：现代法治教育的国际合作有助于处理全球性问题，如国际人权、环境保护和国际贸易问题，法治观念在国际事务中发挥了重要作用，促进国际社会的和平与合作。

⑤ 社会变革和创新：具备法治观念的公民更有可能参与社会变革和创新，他们能够运用法律手段推动社会正义、环境可持续性和公民权益的维护。

⑥ 法律专业领域的发展：近现代法治教育培养了大量法学专业人才，支持了法律领域的发展和法治宪政的实施，法官、律师、法学家等法律从业人员都受益于高质量的法学教育。

5. 未来展望

近现代法治教育在未来将继续演进，以满足不断发展的社会需求，以下是一些未来展望。

① 数字时代的法治教育：近代法治教育将继续利用互联网和数字技术，提供在线法治教育资源、虚拟法庭模拟和互动式学习工具，以满足学生的不断变化的需求。

② 全球性问题的关注：近代法治教育将更加强调全球性问题，如气候变化、人权保护、国际安全等，鼓励学生关注这些问题，并掌握相关法治原则和国际法律。

③ 社会参与和社会变革：现代法治教育将鼓励学生运用法治观念促进

社会创新和变革，他们可以通过法律手段推动社会公平、环境可持续性和公民参与。

④ 多元文化和多元法律体系：社会的多元文化性和法律体系多样性要求法治教育适应不同文化和法律体系的挑战，包括了比较法学和国际法律的教育，以培养全球化时代的法治观念。

⑤ 持续改进：近现代法治教育将继续改进，以应对社会的不断变化和挑战，教育机构、政府和教育者应不断创新和改进法治教育的内容和方法，以满足不断发展的社会需求。

综合来看，近现代法治教育的演进是社会法治化和公平正义的关键驱动力，通过国际合作、技术创新、社会参与和不断改进，现代法治教育将为建设更加法治和公正的社会做出积极的贡献。法治观念和法律原则将继续引导我们走向一个更加公平、有序和法治化的社会。

（三）现代法治教育的趋势和挑战

1. 新兴技术的应用

新兴技术如在线学习平台、虚拟现实和人工智能对法治教育产生了深远的影响，这些技术使法治教育更具吸引力和互动性，为学生提供了更多的学习机会。

2. 法治教育的全面性

现代法治教育不仅强调法律知识，还更加强调法治原则、伦理价值观、公民参与和社会责任，全面性的法治教育有助于培养更具综合素质的公民。

3. 社会参与和民主教育

法治教育越来越强调社会参与和民主教育，公众参与政府决策、法律制定和社会改善变得更加重要，以实现民主决策和社会进步。

4. 法治教育的普及

现代社会越来越重视法治教育的普及，以确保更多人受益，政府、学校和社会组织将共同努力，以确保法治教育覆盖各个年龄段和社会群体。

5. 法治教育的国际标准

国际社会普遍认为法治教育是国家发展的重要组成部分，国际组织和协定鼓励各国加强法治教育，以提高国家法治水平，这有助于促进国际社会合作，推动全球法治的普及。

尽管现代法治教育取得了显著的进展，但仍面临着一些挑战，包括以下几方面。

① 社会不平等：在一些地区，法治教育仍无法普及，导致社会不平等，一些群体可能无法获得足够的法治教育资源，这需要政府和社会组织采取措施来解决。

② 法治教育的质量：法治教育的质量问题可能影响学生的学习成果，确保高质量的法治教育是一个重要挑战，需要教育机构和政府的关注。

③ 法治教育的跨文化适应：不同国家和文化有着不同的法治教育传统和需求，跨文化适应是一个挑战，需要在国际合作中加以考虑。

④ 新兴技术的利弊：新兴技术虽然为法治教育提供了机会，但也带来了挑战，如信息安全和隐私问题。教育机构和政府需要应对这些挑战，以确保法治教育的安全和有效性。

法治教育在不同历史时期的演进反映了社会对法治原则的认知和需求的变化，从古代的城邦法律和宗教法规到近代的法学学位和国际合作，法治教育已经走过了漫长的历史道路。在现代社会，法治教育得到了广泛推广和普及，强调全面性、社会参与和民主教育。

法治教育的演进和趋势表明，它不仅是法律专业人才培养的重要手段，也是培养负责任公民和维护社会公平正义的关键工具，法治教育的未来将继续受到国际合作、新兴技术应用和社会参与的影响。尽管面临一些挑战，如社会不平等和法治教育的质量问题，但法治教育的普及和改进是社会进步和法治原则推广的重要途径。

因此，政府、教育机构和社会组织应共同努力，确保法治教育的质量和普及，以建设更加法治的社会和国家。法治教育是个体的权益，也是社会和国家的福祉的重要组成部分。通过不断的发展和改进，法治教育将继续在全球范围内发挥积极作用，促进公平、正义和法治的实现。

三、国际上的法治教育发展趋势

法治教育在国际上日益受到重视，成为维护法治、人权和社会正义的关键工具。国际上的法治教育发展趋势呈现多样化和复杂性，受到全球化、新兴技术、社会需求等多种因素的影响。以下将探讨国际上的法治教育发展趋势，包括全球性趋势、法治教育的多样性、新兴技术的应用、社会参与、跨文化法治教育等方面的内容。

（一）全球性法治教育发展趋势

全球性法治教育是一项重要的教育领域，旨在促进全球范围内的法治观念和法治素养的提高，以支持社会的法治化、维护公平正义和促进国际合作。随着全球化的推进和国际社会面临的众多法律和伦理挑战，全球性法治教育变得日益重要。以下内容将探讨全球性法治教育的发展趋势，包括历史背景、目标、现实挑战及未来展望。

1. 历史背景

全球性法治教育的演进与国际社会的发展和全球法治观念的崛起密切相关，以下是一些历史背景的关键特点。

① 国际合作的兴起：随着国际合作的增加，特别是在联合国等国际组织的推动下，国际社会开始意识到法治观念在解决全球性问题方面的重要性。

② 全球性问题的加剧：全球性问题，如气候变化、人权保护、国际贸易和难民危机，要求国际社会采取法治措施来应对。这些问题增加了全球性法治教育的需求。

③ 信息技术的发展：互联网和数字技术的飞速发展为全球性法治教育提供了新的机会，使教育资源和信息能够更广泛地传播。

2. 发展趋势

全球性法治教育的发展趋势包括以下几个方面。

① 强调国际法律和国际法治观念：全球性法治教育将更加强调国际法律和国际法治观念的传播，学生将学习国际法、国际人权法、国际刑法等相关领域的法律原则和规则。

② 国际合作和文化交流：国际合作将在全球性法治教育中起到关键作用，跨国合作项目、国际学生交流和文化交流将促进法治观念和法治素养的传播。

③ 多元文化和多元法律体系：全球性法治教育需要适应不同文化和法律体系的多样性，这将包括了比较法学、国际法律和跨文化交际的教育，以培养全球公民的法治观念。

④ 技术应用：互联网和数字技术将继续用于提供在线法治教育资源、虚拟法庭模拟和互动式学习工具，以提高法治教育的吸引力和效率。

⑤ 社会参与和社会变革：具备全球性法治观念的公民将被鼓励参与全球性问题的解决，推动社会变革和正义。

3. 法治教育的目标

全球性法治教育的主要目标包括以下几个方面。

① 推广国际法治观念：帮助学生理解国际法治观念的重要性，包括平等、公正、国际协作和法律的权威。

② 国际法律素养：提高学生对国际法律体系的理解和应用，使他们能够应对国际事务和法律挑战。

③ 国际合作和文化敏感度：培养学生的国际合作能力，使他们能够在国际舞台上积极参与，理解不同文化和法律体系的差异，促进国际文化交流与理解。

④ 全球性问题的关注和解决：全球性法治教育旨在培养学生关注全球性问题，如气候变化、人权、国际安全等，并为他们提供解决这些问题所需的法律和政策工具。

⑤ 国际人才的培养：通过国际法学院和国际法律专业，全球性法治教育致力于培养国际法律专业人才，支持国际法律体系的发展和全球法治。

4. 法治教育的影响

全球性法治教育的影响可以在以下几个层面得到体现。

① 全球法治观念的普及：全球性法治教育有助于普及全球法治观念，促使公民更加尊重国际法律和国际法治原则。

② 国际法治的实践：全球性法治教育有助于推动国际法治的实践，国家和国际组织依法行事，国际社会更加注重合作和维护国际法。

③ 国际合作和全球问题的解决：国际法治观念在国际事务中发挥了重要作用。学生毕业后可能参与到国际组织、跨国企业、国际非政府组织和国际法律领域之中，以应对全球性问题。

④ 社会变革和创新：具备国际法治观念的公民更有可能参与社会变革和创新，推动国际社会的公平和正义。

（二）法治教育的多样性

法治教育是培养公民法治观念、法治素养和法律知识的关键途径，有助于社会的法治化和公平正义。随着社会的不断变化和发展，法治教育也变得多样化，以满足不同人群和社会需求。以下将探讨法治教育的多样性，包括不同教育层次、方法、内容和国际视野等方面的变化和发展。

1. 不同教育层次的多样性

法治教育在不同教育层次中都有不同的特点和目标，以下是一些法治教育不同教育层次的多样性。

（1）初中和高中教育

在初中和高中教育中，法治教育的主要目标是向学生传授基本的法律知识，包括《宪法》、《民法典》、《刑法》等基本法律原则，这一阶段强调法治观念的培养，使学生了解法律的权威和法律对于社会的重要性。

（2）本科和研究生教育

在大学本科和研究生教育中，法治教育更加专业化，侧重于法学领域的深入研究和法律实践。法学院提供了法学专业，培养未来的法律专业人才，包括律师、法官、法律研究员等。

（3）终身学习和职业培训

法治教育不仅限于学校教育，还包括终身学习和职业培训，成年人和职业人士可以通过法治课程和培训来提高法治素养，适应不断变化的法律环境。

（4）国际教育和文化交流

法治教育也涵盖了国际教育和文化交流，国际合作项目和国际交流活动有助于学生了解不同国家和文化的法律体系和法治观念。

2. 不同方法的多样性

法治教育采用多种方法来传授法律知识和法治观念，以下是一些法治教育方法。

① 课堂教育：传统的课堂教育仍然是法治教育的主要方式之一，老师通过授课和讲解来传授法律知识，学生在课堂上学习法律原则和案例。

② 互动学习：互动学习方法包括小组讨论、模拟法庭、案例分析等，鼓励学生积极参与和运用法律知识解决实际问题。

③ 在线教育：互联网和数字技术的发展使在线法治教育成为现实，学生可以通过在线课程、虚拟法庭模拟和在线讨论来学习法治知识。

④ 社区教育和公众宣传：社区教育和公众宣传活动是向社会大众传递法治观念的重要途径，这包括法律知识普及、法律援助、法治宣传等。

3. 不同内容的多样性

法治教育的内容也因地区和教育水平而异，以下是一些法治教育内容。

① 基本法律知识：不论教育层次如何，法治教育的基本内容包括《宪法》《民法典》《刑法》等基本法律原则和规则。

② 专业法律领域：在法学院和研究生教育中，学生可以选择在不同的法律领域深入研究，如商法、国际法、环境法、人权法等。

③ 国际法和跨文化法律：全球性法治教育强调国际法和国际法治观念，以培养全球公民的法治观念，跨文化法律也成为一种重要的法治教育内容，以适应多元文化社会。

4. 国际视野的多样性

法治教育也具有国际视野的多样性，以下是一些扩宽国际视野的途径。

① 国际合作项目：国际合作项目，如国际法学交流项目、国际法律研讨会和国际法治研究中心，有助于促进国际合作和国际法治观念的传播。

② 国际学生交流：学生的国际交流活动，如留学和国际学术交流，可以使学生了解不同国家和地区的法律体系和法治观念。

③ 国际法治问题研究：法治教育也包括研究国际法治问题，如国际人权法、国际贸易法、国际刑法等领域的研究，这些研究有助于推动国际社会解决全球性问题。

④ 国际法治宪政实践：一些国际组织和政府机构在国际舞台上推动法治宪政的实践，这种实践包括国际和平与安全、国际合作、国际贸易、国际人权等领域。

5. 法治教育的影响

法治教育的多样性对社会和个体产生广泛的影响，具体如下。

① 公民法治观念的培养：法治教育有助于培养公民法治观念，使人们更加尊重法律、法治原则和法律权威。

② 法治素养的提高：不同层次的法治教育有助于提高公众的法治素养，

使人们更有能力理解法律、运用法律知识解决问题。

③ 法治实践的推动：法治教育鼓励个人积极参与法治实践，如维权活动、社会创新和法治推动。

④ 国际合作和国际法治：具备国际法治观念的公民更容易参与国际合作和国际法治领域，为国际社会的发展和进步作出贡献。

（三）新兴技术的应用

新兴技术在各个领域都有广泛的应用，它们正在改变我们的生活方式、工作方式和商业模式，以下是一些新兴技术的应用领域。

1. 人工智能（AI）和机器学习

人工智能技术已经在自动驾驶汽车、医疗诊断、客户服务机器人、金融预测等领域取得了突破性进展。

2. 区块链技术

区块链技术被广泛用于数字货币（比特币等）、供应链管理、智能合同、数据安全等领域。

3. 云计算

云计算正在改变企业的 IT 基础设施，使其能够以更灵活的方式管理数据和应用程序。

4. 物联网

物联网技术使现实世界中的设备和传感器能够互相连接，用于智能家居、智能城市、工业自动化等领域。

5. 虚拟现实和增强现实

虚拟现实和增强现实技术正在娱乐、培训、医疗保健、建筑设计等领域得到广泛应用。

6. 生物技术

生物技术用于基因编辑、医药研究、农业改进和环境保护等领域，有望改善健康和生活质量。

7. 量子计算

量子计算有望解决传统计算无法解决的复杂问题，如密码学、材料科学和气候建模。

8. 5G 通信

5G 技术提供更快的互联网连接速度和更低的延迟，将推动自动驾驶汽车、智能城市、远程医疗等领域的发展。

9. 绿色技术

新兴技术也在可持续发展领域得到广泛应用，包括太阳能和风能发电、能源储存和环保技术。

这些新兴技术正在不断发展和演变，它们对社会、经济和科学领域都产生了深远的影响，未来还将继续推动创新和进步。

（四）社会参与和民主教育

社会参与和民主教育在培养公民的参与精神、推动民主价值观、增强政治参与能力和加强社会凝聚力方面起着重要作用，以下是关于社会参与和民主教育的一些重要观点和方法。

① 政治教育：政治教育是培养公民意识、促进公民政治参与的基础，学校和其他教育机构可以提供政治教育，包括教授政治体系、政府功能和公民权利等内容。

② 选举教育：教育公民如何参与选举过程，包括注册选民、了解候选人和政策、投票，以及监督选举的公正性，对于民主体制的稳定和发展至关重要。

③ 社会教育：社会教育强调了解社会问题、参与社会活动和提高社会责任感，这包括培养学生的社会意识，鼓励他们关注社会不平等、环境问题、人权等议题。

④ 公共辩论和参与项目：学校、大学和社区可以举办公共辩论、座谈会和模拟选举等项目，以促进对不同观点的交流沟通。

⑤ 互联网和社交媒体：互联网和社交媒体为公民提供了更广泛的政治参与机会，可以通过在线论坛、社交媒体运动和在线请愿等方式来表达意见。

⑥ 参与性预算和政策制定：政府可以采用参与性预算和政策制定方法，让公民直接参与决策过程，确保政策更贴近民意。

⑦ 社会组织和志愿者活动：社会组织和志愿者活动可以培养个体的社会责任感和参与意识，同时为社会问题的解决提供支持。

⑧ 公共图书馆和媒体素养：公共图书馆可以提供信息资源，帮助公民更好地理解政治和社会议题，媒体素养培训可以帮助人们更好地分辨新闻的可信度和质量。

社会参与和民主教育是维护民主社会的关键因素，有助于确保政府对公众负责，提高政策的代表性，并提高社会的凝聚力，这些教育和机会应该在各个年龄层次和社会层面提供，以确保广泛的参与和民主的健康发展。

（五）国际法治教育的未来展望

1. 全球法治合作

国际社会将进一步强化全球法治合作，各国可以共同研究法治的最佳实践，分享教育资源，以推动全球法治的进步。国际组织和跨国合作项目将有助于提高国际社会的法治水平。

2. 制定国际法治教育标准

国际社会可以共同努力制定一套国际法治教育标准，以确保法治教育的质量和一致性，这可以帮助不同国家在法治教育领域实现更高水平的对齐。

3. 多语言法治教育

多语言法治教育将得到更多关注，国际社会将致力于提供多语言法治教育资源，以确保各个社会群体都能理解法律和法治原则，包括提供多语言法治教育资源和翻译服务。

4. 跨文化法治教育

跨文化法治教育将继续推动文化之间的理解和尊重,国际组织和国际教育机构将促进跨文化法治教育项目,以减少文化冲突,促进国际和平与合作。

5. 新兴技术的发展

新兴技术将在国际法治教育中发挥越来越重要的作用,在线学习、虚拟现实和人工智能等技术将进一步提高法治教育的可访问性和效益。

6. 社会参与的强化

国际法治教育将更加强调公民参与和民主教育,公众将被鼓励更多地参与政府决策和法律制定,以推动社会公平和正义。

7. 促进法治教育的可持续性

法治教育应该被视为可持续发展的一部分,国际社会可以鼓励各国在可持续发展目标中纳入法治教育,以确保法治教育的长期发展和普及。

尽管国际上的法治教育发展面临一些挑战,如社会不平等、法治教育的质量问题和文化差异,但未来充满希望。法治教育将继续发展,以满足不断变化的社会需求,推动法治原则的传播和应用。国际社会将共同努力,确保法治教育的全球普及,以建设更加法治的世界。法治教育不仅是个体的权益,也是社会和国际社会福祉的重要组成部分。通过全球合作和不断的创新,国际上的法治教育将为全球社会带来更好的法治、公平和正义。

第三节　法治教育的重要性

一、法治教育对社会的稳定与公正的贡献

法治教育是培养个体对法律体系和法治原则的理解和尊重,以及成为负责任公民的关键组成部分。法治教育不仅影响个人的法律素养,还对整个社

会的稳定和公正发挥着重要作用。以下内容将探讨法治教育如何对社会的稳定与公正作出贡献。

法治教育是培养公民法治意识和法治素养的过程，旨在加强对法律体系和法治原则的理解，推动个人和社会以法律为基础的行为。在现代社会，法治教育至关重要，因为它对维护社会秩序、保障人权和民主、促进公平正义，以及促进社会发展都起着关键性的作用。在以下内容中，将探讨法治教育的重要性，以及它如何影响个人和社会。

1. 法治教育强调法律意识的培养

法治教育有助于公民理解法律的重要性，以及法律在个人和社会生活中的作用。法律不仅规定了合法和非法的行为，还确保了权利的保护和义务的履行。通过法治教育，个体能够更好地了解自己的权益，以及如何维护这些权益。这有助于避免法律纠纷，提高社会和个体的法律遵守率。

2. 法治教育有助于公平正义的实现

法治教育强调了法律的普遍适用性和公平正义原则，它教育公民了解法律的平等对待原则，无论种族、性别、宗教、性取向或社会地位如何，每个人都应该在法律面前平等。这有助于减少歧视和不平等现象，增强社会的公平性和包容性。

3. 法治教育促进了社会的稳定

在一个受法治原则引导的社会中，人们更倾向于通过合法途径解决争议，而不是通过暴力或非法手段，法治教育有助于降低犯罪率，减少社会动荡，提高社会的稳定性。它还为社会成员提供了解决纠纷的工具和机会，而不是采取私人报复。

4. 法治教育有助于民主的发展

法治和民主是相辅相成的，民主社会依赖法治原则来保障选举的公正性、维护言论自由和媒体独立，以及保护公民免受政府滥权的侵害。法治教育使公民更能够参与政治过程，了解他们的权利和责任，以及如何对政府行为进行监督。

5. 法治教育增强了社会凝聚力

法治教育有助于形成共同的法律和价值观，还有助于增强社会凝聚力，当人们共同遵守法律，信任司法体系，以及认可法律的公正性时，社会更具和谐，各个群体之间的冲突较少，而社会合作更为顺畅。

6. 法治教育有助于防止滥权

法治教育提醒公民政府必须遵循法律，不得滥用权力，公众了解他们的权利，并能够通过法律途径监督政府的行为，以防止腐败和滥权，这有助于维护政府的公信力，确保政府为公众利益服务。

7. 法治教育为职业发展和社会参与提供了基础

了解法律和法治原则是许多职业的基本要求，包括律师、法官、警察、政府官员和企业领袖。此外，法治教育也为公民参与社会和政治活动提供了基础，使他们能够更有效地参与公民社会组织、政府委员会和政治运动等。

8. 法治教育有助于解决全球挑战

全球性问题，如环境问题、跨国犯罪和人权问题，需要国际合作和法律机制来解决，法治教育有助于培养公民看待这些问题的全球视野，并了解国际法和国际组织的作用。

9. 法治教育有助于预防冲突

通过了解国内和国际法律，公民更有可能通过合法途径解决争端，而不是通过冲突和战争，这有助于维护国际和平与安全。

综上所述，法治教育在社会的各个层面都具有重要的作用，它不仅有助于个体了解和维护自己的权益，还有助于维护公平正义、增强社会稳定、促进民主、增强社会凝聚力，防止滥权，促进职业发展，解决全球问题，以及预防冲突。因此，政府、教育机构和社会应该共同努力，确保广泛推广法治教育，并将其纳入教育体系和社会活动中。

二、法治教育对民主制度的支持

民主制度是当今世界上最为广泛采用的政治体制之一，它赋予公民权利和责任，通过选举程序选出政府代表，体现政府的合法性和合法性。法治教育是培养个体对法律体系和法治原则的理解和尊重的重要手段，对民主制度的维护和发展发挥着关键作用。法治教育对民主制度的贡献有以下几方面。

1. 培养公民参与精神

法治教育鼓励公民参与政治和社会事务，了解他们的权利和责任，它提醒公民他们在民主社会中有权利投票、言论自由、示威抗议和政治参与，这有助于民主制度的活跃参与，促进政治参与和选民投票率的提高。

2. 保护人权

民主制度的核心之一是保护人权。法治教育强调人权的重要性，使公民了解他们的基本权利，如言论自由、宗教信仰自由、平等权和私人财产权。了解这些权利使公民更能够维护自己的权益，同时也更容易支持民主政府的保护人权政策。

3. 监督政府行为

民主体制依赖于政府的透明度和问责制，法治教育让公民意识到政府必须遵守法律，而公民有权利监督政府行为，了解法律和法治原则的公众更有能力监督政府的决策和行为，以确保政府服务公众利益，而不是个别利益。

4. 防止滥权和腐败

民主政府必须遵守法律和制度，否则就会受到法律制度的制约和社会监督的约束，法治教育强调政府必须遵守法律，不得滥用权力，公众了解法律的适用，可以通过法律途径监督政府行为，确保政府合法合规地行事。

5. 塑造法治文化

法治教育有助于塑造法治文化，即在社会中推崇法治和尊重法律的价值观，法治文化使民主社会更具凝聚力，各个群体之间更具和谐性，因为他们共同遵守法律，信任司法体系，并认可法律的公正性。

6. 保障选举的公正性

法治教育让公民认识到选举是民主的核心，了解选举法律、选举过程和投票权的公民更容易参与选举，监督选举的公正性，并接受选举结果，这有助于确保选举的公正性和民主政府的合法性。

7. 支持公共政策

了解法律和法治原则的公众能够更好地参与公共政策的制定和实施，他们可以通过法律手段倡导政策变革，推动社会进步，促进公共政策的制定更为民主和公平。

8. 解决社会冲突

民主社会中的冲突可以通过法律途径解决，而不是通过暴力或非法手段。法治教育有助于公众了解法律是解决争端的工具，促进和平地解决冲突。

综上所述，法治教育在民主制度中起到关键作用，它能够培养公民的法治意识和法治素养，促进公民参与政治和社会事务，维护人权，监督政府行为，防止滥权和腐败，推动法治文化的形成，支持选举的公正性，以及解决社会冲突。通过法治教育，民主社会能够更加强大、公正和有序地发展，确保政府为公众利益服务，而不是为少数人或特殊利益服务。

三、法治教育对公民素质的提高

法治教育是一项重要的社会任务，旨在培养公民对法律体系和法治原则的理解、尊重和遵守。法治教育是提高公民素质的关键手段之一，它不仅有助于增强公民的法律意识，还可以培育尊重法治的文化、促进社会和谐、保障公平正义，以及提高政府的法治水平。以下内容将探讨法治教育如何对公民素质的提高发挥重要作用，包括法治教育的定义及法治教育的实际效果。

（一）法治教育的定义

法治教育是指通过教育和宣传手段来普及和弘扬法治理念，培养公民遵守法律、尊重法治、维护法律权益的意识和行为，从而促进社会的法治化进程。法治教育的目标是使个体和社会更好地理解、尊重和遵守法律，以维护公平、正义、秩序和社会稳定。

法治教育通常包括以下内容。

① 法律知识教育：向公众传授基本的法律知识，使他们了解自己的权利和义务，以及法律体系的基本原则。

② 法治理念宣传：强调法治原则，如平等、公正、公平及法律面前人人平等，以引导人们的思维和行为与法治理念相一致。

③ 法律伦理道德教育：培养公民的法律伦理和道德观念，鼓励遵守法律并避免违法行为。

④ 司法体系介绍：使公众了解司法机构的职责和运作，以提高对司法体系的信任度。

⑤ 具体案例分析：通过具体案例的分析和讨论，帮助人们理解法律的应用和实际情况。

法治教育的形式可以多样，包括学校教育、社会宣传、培训课程、法律咨询等，它在建设法治社会、推动社会稳定和个体权益保护方面起到重要作用。法治教育有助于减少违法犯罪行为，提高社会公平正义感，推动法治国家的建设和法治社会的实现。

（二）法治教育的实际效果

1. 增强法治意识

法治教育有助于增强公民的法治意识，公民通过法治教育了解国家的法律体系、法治原则及法律对个人生活的影响，这有助于增强法治意识，防止对法律的误解,减少法律违规行为的发生。

2. 培养尊重法治的文化

法治教育有助于培养尊重法治的文化,公民通过法治教育学习到法律是保护权益和维护社会秩序的关键工具,这有助于形成尊重法治的社会价值观,减少违法行为和社会不满情绪。

3. 促进社会和谐

法治教育有助于促进社会和谐,公民通过了解法律和法治原则,可以更好地解决争端和冲突,遵守法律,并倡导用和平的方式解决问题,这有助于减轻社会紧张局势和减少社会动荡。

4. 保障公平正义

法治教育有助于保障公平正义,公民了解法律的平等原则,以及他们的权利和义务,这使得他们更有能力寻求法律救济,维护自己的权益,反对不公平和歧视,法治教育促使社会更加公平和正义。

5. 降低犯罪率

法治教育对降低犯罪率产生实际影响,公民了解法律的存在和后果,以及法律对犯罪行为的制约,这有助于减少犯罪行为,提高社会的安全性。

6. 保障公民权益

法治教育有助于保障公民权益。公民了解他们的法律权利和义务,以及如何维护自己的权益,这使他们更有能力寻求法律救济,反对不公平和歧视,以及确保公平正义。

7. 提高政府的法治水平

法治教育有助于提高政府的法治水平,政府官员通过法治教育了解法律的重要性和责任,以及如何依法行政,这有助于确保政府的法治性,减少滥权行为和腐败。

四、法治教育的实际影响

法治教育是一项旨在培养公民法治意识和法治素养的教育,但它的实际影响超出了教育的边界。法治教育对个人、社会和国家的各个层面都产生深远的影响。在以下内容中，我们将探讨法治教育的实际影响，并讨论它如何塑造个体的价值观、推动社会变革和支持国家的发展。

影响个人法治素养：法治教育帮助个人了解法律的基本原则和法律体系，培养公民法治素养，这意味着个体更倾向于遵守法律，尊重法律制度，并避免违法行为，他们了解法律的重要性，以及法律对保护个体权益和社会秩序的作用。因此，法治教育对减少犯罪率和促进个体法治行为产生实际影响。

塑造公民参与：法治教育有助于培养公民的政治参与意识，了解法律的个体更容易参与选举、政治运动、社会抗议及公共事务，他们了解政府机构的运作方式，知道如何通过法律途径实现变革，从而推动社会和政治变革。

提高社会凝聚力：通过共同的法律和价值观，法治教育有助于增强社会凝聚力，公民了解法律是维护公平和正义的工具，这有助于减少社会冲突和不满，共同的法律框架和尊重法律原则有助于社会更加和谐和稳定。

保护人权：法治教育强调人权的重要性，提醒个体认识到自己的权利，同时尊重他人的权利，这有助于保护人权，避免人们遭受非法侵害，了解人权法律的个体更有可能站出来捍卫自己和他人的权益。

支持经济繁荣：稳定的法治环境有助于促进经济繁荣，企业和投资者更愿意在法治健全的国家中从事商业活动，因为他们相信法律会保护他们的权益，法治环境也有助于保护合同和知识产权，提高商业信誉。

保障环境可持续性：了解环境法律和法规的个体更容易参与环保行动，他们了解法律可以用来保护生态系统，减少污染，以及维护自然资源，法治教育有助于引导环境行为，推动可持续发展。

解决社会问题：了解法律和法治原则的公民更有可能通过法律途径争取社会变革。他们可以通过法律手段解决社会问题，例如，通过起诉违反环境法规的企业，或通过诉讼来维护人权，法治教育有助于公民了解法律是解决社会问题的工具。

防止滥用权力：在一个法治国家中，政府机构必须遵守法律，了解法律的公众可以监督政府行为，以防止政府滥用权力，这有助于增加政府的透明度和问责制，确保政府为公众利益服务。

加强国家统一性：共同的法律和价值观有助于国家的统一性。法治教育帮助公民形成共同的法治文化，减少分裂和冲突，增强国家的和谐与稳定。

维护国际声誉：拥有强有力的法治体系和法治文化有助于提高国家的国际声誉。国际社会更愿意与那些遵守国际法和维护人权的国家合作，国际合作可以帮助解决全球性问题，如环境保护、反恐、人权保护等。

综上所述，法治教育产生广泛而深刻的实际影响，从个人的法治素养到社会的和谐、国家的稳定、经济的繁荣，以及国际关系的改善。通过法治教育，个体能够更好地了解和尊重法律，了解法律的重要性，以及法律对保护权益、维护公平正义和推动社会变革的关键作用。此外，法治教育也有助于促进公民的政治觉醒，鼓励他们参与政治过程，监督政府行为，争取社会公平与正义。

五、法治教育的未来发展趋势

法治教育在未来将继续发展，并受到广泛关注，以下是法治教育未来发展的一些趋势。

① 数字化和在线教育：随着数字技术的不断发展，法治教育将越来越多地依赖在线教育工具，在线课程、法律教育应用程序和虚拟法律图书馆将使法律知识更易获得，同时也使法治教育更具互动性和灵活性。

② 革新教学方法：未来的法治教育可能采用更多创新的教学方法，如模拟法庭、案例研究、角色扮演和合作学习，这些方法有助于学生更深入地理解法律概念，并培养解决问题的能力。

③ 强调社会公平：未来的法治教育可能更加强调社会公平和包容性，

这意味着关注少数群体的权益，以及培养公民的社会正义观念。

④ 国际法和全球问题：随着全球化的不断深化，法治教育可能更多地涵盖国际法和全球性问题，如环境法、人权法和国际贸易法，这有助于培养全球视野和全球公民素养。

⑤ 推广法治意识：法治教育将不仅局限于学校教育，它将通过社区教育、大众媒体、社会组织和在线社交媒体等多种渠道，推广法治意识，使更多人受益。

⑥ 培训专业法律人员：未来的法治教育还将继续培养专业法律从业人员，如律师、法官、检察官和法律顾问，培养课程涵盖法律伦理、专业责任和法律实践技能。

⑦ 多元文化和跨文化法治教育：法治教育将更多地考虑多元文化社会的需求，包括跨文化沟通和法律多元文化主义，这有助于促进文化尊重和文化包容性。

⑧ 强调伦理教育：伦理教育将成为法治教育的一部分，培养公民的伦理价值观，使其能够做出道德正确的决策，不仅是合法的决策。

⑨ 积极参与政治和社会事务：法治教育将强调公民参与政治和社会事务的重要性，这包括教育公民如何投票、参与社会运动、联系政府机构，以及监督政府行为。

⑩ 国际合作和知识共享：各国可以通过国际合作和知识共享，分享最佳实践和资源，以促进全球法治教育的发展，国际组织和跨国教育机构可以在这方面发挥积极作用。

在未来，法治教育将继续扮演关键角色，培养公民法治意识、法治素养和社会参与精神，它不仅是教育领域的一个分支，更是支持民主、维护人权、保护环境、促进社会正义和解决全球问题的基础。通过不断创新和适应社会的需求，法治教育将继续对个人、社会和国家的发展产生深远的影响。

法治教育对社会的稳定与公正发挥着重要作用。通过增强法治意识、传授法律知识、培养尊重法治的文化和提高法律素养，法治教育有助于减少犯罪率、促进社会和解、保障权益、促进社会公平、维护和发展民主制度、提高公民法治水平。法治教育的未来发展趋势包括全球化法治教育、多语言法治教育、新兴技术的应用、社会参与的强化及法治教育的可持续性。通过这些发展趋势，法治教育将继续对社会的可持续发展和进步产生积极影响，建设更加法治、公平和正义的社会。法治教育不仅是个体的权益，也是社会和国际社会的福祉的重要组成部分。通过全球合作和不断的创新，法治教育将为全球社会带来更大的法治、公平和正义。

第四节　法治教育的目标与原则

法治教育是一项重要的社会任务，旨在培养公民对法律体系和法治原则的理解、尊重和遵守。它的核心目标是提高公民的法治素质，使他们更加自觉地遵守法律、维护自己的权益、参与法律体系和政府决策，以及倡导法治原则。法治教育在不同教育层次和领域中进行，包括学校教育、社会宣传、媒体传播和社会组织活动。

一、法治教育的核心目标

以下将深入探讨法治教育的核心目标，包括培养法治意识、促进法治文化、强化法治素质、提高法治参与，以及推动社会公平和正义。

（一）培养法治意识

1. 增强法律意识

法治教育的一个核心目标是提高公民的法律意识。公民应该了解国家的法律体系、法律的存在和影响，以及法律对个人生活的重要性，这有助于防止对法律的无知和误解，使公民更加自觉地遵守法律。

2. 强调法律尊重

法治教育还旨在强调法律的尊重。公民应该理解法律是社会秩序的基石，尊重法律的权威性和合法性，这有助于培养法治意识，减少法律违规行为的发生。

3. 了解法治原则

法治教育应该使公民了解法治原则，如平等、公正、透明和合法性。公民应该明白这些原则在法治社会中的重要性，以及法律如何体现和保护这些原则。这有助于建立法治文化。

（二）促进法治文化

1. 培养尊重法治的文化

法治教育的核心目标之一是培育尊重法治的文化氛围。公民应该认识到法律是保护权益、维护社会秩序和推动社会和谐的工具，这有助于形成社会尊重法治的价值观，减少违法行为和社会不满情绪。

2. 强调法治的普及

法治教育应该强调法治的普及，即法治原则和法律的适用范围。公民应该明白法治不仅适用于特定领域，而且贯穿社会的方方面面，这有助于确保法治文化的全面普及。

3. 提高法治道德

法治教育还应该提高法治道德。公民应该了解法治与道德的关系，以及法律对个人和社会道德的约束和引导，这有助于建立合法且合乎道德的社会文化。

（三）强化法治素质

1. 提高法律知识水平

法治教育旨在提高公民的法律知识水平。公民应该了解基本的法律原则、法律体系、法律权益和义务，以及法律对个人生活的影响，这有助于确保公民能够合理行使自己的权益，维护自己的合法权益。

2. 培养法治技能

法治教育还应该培养法治技能，这包括如何寻求法律救济、如何参与法律体系和政府决策，以及如何倡导法治原则，公民应该具备这些技能，以确保法治体系的公平和正义。

3. 提高法治素养

法治教育的一个核心目标是提高公民的法治素养，这包括了解法治原则、法治历史、法治制度、法治实践，以及法治与其他社会制度的关系，公民应该具备深刻的法治素养，以能够深刻理解和评估法治体系。

（四）提高法治参与

1. 增强政治参与

法治教育的核心目标之一是增强政治参与。公民应该了解政府决策和法律制定的重要性，以及如何参与政治过程，这有助于确保民主制度的活跃和动态。

2. 促进社会参与

法治教育还应该促进社会参与。公民应该了解社会组织和公民社会的重要性，以及如何参与社会组织和社会活动，推动社会公平和正义，这有助于建设更加和谐的社会。

3. 强调公民责任

法治教育应该强调公民责任。公民不仅是权利的享有者，还是社会的建设者和维护者，公民应该了解他们的责任和义务，以确保社会和法治的可持续发展。

（五）推动社会公平和正义

1. 减少社会不平等

法治教育的一个核心目标是减少社会不平等。公民应该了解法律的平等原则，以及法律如何禁止歧视和不平等，这有助于确保法治体系的公平和正义，减少社会不平等问题。

2. 保障权益

法治教育还应该促进权益的保障。公民应该了解他们的法律权利和义务，以及如何维护自己的合法权益，这有助于确保个体的权益得到合理保护，减少不公平对待。

3. 增加法律救济活动

法治教育的核心目标之一是增加法律救济活动。公民应该了解如何寻求法律救济，包括法律程序和机构，这有助于确保法律能够为受害者提供有效的保护和救济。

二、法治教育的基本原则

（一）法治原则

1. 法律至上

法治教育的核心原则是法律至上，这意味着法律是社会的最高权威，不受个体或团体的干扰。法治教育应该强调法律的权威性，以及法律对社会秩序和个体权益的保障。

2. 法治平等

法治原则还包括法治平等，这意味着法律应该平等适用于所有人，不分种族、性别、宗教、社会地位或其他特征。法治教育应该强调法律的平等原则，以减少歧视和不平等对待。

3. 法律确定性

法治原则还包括法律确定性，这意味着法律应该是清晰、明确和可预测的，以使公民能够理解和遵守法律。法治教育应该强调法律的确定性，以减少法律的模糊和不确定性。

4. 合法权威

法治原则强调法律的合法权威，这意味着法律应该是根据宪法和法律程序制定的，符合国际法和人权法。法治教育应该强调法律的合法性，以确保公民遵守合法法律。

（二）平等原则

1. 平等保护

平等原则的核心是平等保护，法治教育应该强调法律的平等保护，即法律适用于所有人，无论其社会地位、财富或权力如何，这有助于减少社会不平等和法律歧视。

2. 歧视禁止

平等原则还包括歧视禁止，法治教育应该强调法律禁止任何形式的歧视，无论是种族歧视、性别歧视、宗教歧视还是其他形式的歧视，这有助于建立公平和正义的社会。

3. 包容性教育

平等原则还强调包容性教育，法治教育应该满足不同群体和文化背景的公民的需求，以确保所有人都能够受益于法治教育。这有助于建立多元和包容的社会。

（三）透明原则

1. 法律透明

透明原则的核心是法律透明，法治教育应该强调法律的透明，即法律应该是公开的、易于理解的，以使公民能够了解法律的内容和影响。透明原则还包括法律的易于获取，公民应该能够轻松获得法律文件和信息，以便在需要时查阅。

2. 政府透明

透明原则还强调政府的透明，政府应该在决策制定和政策执行过程中提供公开的信息和解释，以确保公民了解政府的行动和政策的影响，政府应该主动向公众提供信息，以建立透明的政府。

3. 法律制度透明

透明原则还包括法律制度的透明，法治教育应该强调法律制度的透明性，包括法院的程序和判决、法律制定的过程、法律机构的职责和权力，这有助于确保法治体系的透明和公平。

（四）全面性原则

1. 全面法治教育

全面性原则的核心是全面法治教育。法治教育应该涵盖各个年龄段、不同教育水平和不同社会群体，以确保法治教育的全面性，这包括早期教育、学校教育、社会宣传、媒体传播和社会组织活动。

2. 法治领域全面

全面性原则还包括法治领域的全面，法治教育应该覆盖不同法治领域，包括《宪法》、《民法典》、《刑法》等，公民应该了解不同法治领域的法律和法治原则，以便更好地理解和遵守法律。

3. 多元文化包容

全面性原则还强调多元文化包容，法治教育应该考虑不同文化背景和社会多样性，以确保法治教育能够满足各个群体的需求，这有助于建立包容性的法治社会。

（五）社会参与原则

1. 政治参与

社会参与原则的核心是政治参与，公民应该被鼓励更多地参与政府决策和政治过程，法治教育应该强调政治参与的重要性，以推动民主制度的活跃。

2. 社会参与

社会参与原则还包括社会参与，公民应该被鼓励更多地参与社会组织和社会活动，以推动社会公平和正义，法治教育应该强调社会参与的价值，以建设更加和谐的社会。

3. 公民责任

社会参与原则还强调公民责任，公民不仅是权利的享有者，还是社会的建设者和维护者，法治教育应该强调公民的责任和义务，以确保社会和法治的可持续发展。

法治教育的基本原则包括法治原则、平等原则、透明原则、全面性原则和社会参与原则，这些原则为法治教育的实施提供了指导，确保法治教育的有效性和合法性。通过强调法律至上、法治平等、法治确定性、合法权威、平等保护、歧视禁止、包容性教育、法律透明、政府透明、法律制度透明、全面法治教育、法治领域全面、多元文化包容、政治参与、社会参与和公民责任等原则，法治教育有助于建设更加法治、公平和和谐的社会。这些原则不仅有助于培养公民的法治素质，也对整个社会的法治水平和公民素质产生积极影响。

三、法治教育的教育原则

（一）全面性原则

1. 跨学科教育

全面性原则的核心是跨学科教育，法治教育应该涵盖不同领域的法律知识，包括《宪法》、《刑法》、《民法典》等，这有助于确保学生能够全面理解法治原则和法律体系，不仅限于某一领域。

2. 跨年龄段教育

全面性原则还包括跨年龄段教育，法治教育应该面向不同年龄段的学生，从早期教育开始，逐渐深入，以确保各个年龄段的公民都能够理解法律和法治原则。

3. 社会全面性

全面性原则强调法治教育应该面向全社会，这包括学校教育、社会宣传、媒体传播和社会组织活动。法治教育应该覆盖不同教育层次和社会领域，以确保法治教育的全面性。

（二）参与性原则

1. 学生参与

参与性原则的核心是学生的参与，法治教育应该鼓励学生积极参与学习过程，包括课堂讨论、辩论、案例分析和实践活动。学生不仅是知识的接受者，而应该被视为学习的主体。

2. 社会参与

参与性原则还包括社会参与，法治教育应该鼓励学生参与社会组织和社会活动，以实践法治原则和法律知识。学生应该有机会将他们的所学应用到实际生活中，提高法治教育的实践性。

3. 教师参与

参与性原则还强调教师的参与，教师应该积极参与教育过程，鼓励学生的参与，提供引导和支持。教师不仅是知识的传递者，还是学生参与的推动者。

（三）实践性原则

1. 实践教育

实践性原则的核心是实践教育，法治教育应该强调实际操作和实际案例分析，以帮助学生将理论知识应用到实际问题中，应增加学生参与模拟法庭、法律咨询和社区服务等实践活动的机会。

2. 案例分析

实践性原则还包括案例分析，学生应该通过分析真实案例，了解法律的实际应用和影响，这有助于培养学生的判断力和问题解决能力。

3. 参与社会实践

实践性原则强调学生应该参与社会实践，学生不仅应该了解法律，还应该积极参与社会组织和社区服务，以推动法治原则的实践，学生应该将他们所学应用到实际生活中，促进社会的法治化。

（四）创新性原则

1. 教育创新

创新性原则的核心是教育创新，法治教育应该采取创新的教育方法，包括利用新兴技术、虚拟现实、在线学习平台和协作教育工具，这有助于提高教育的吸引力和互动性。

2. 课程创新

创新性原则还包括课程创新，法治教育的课程应该不断更新，反映社会变化和法律发展。课程应该注重实际问题和案例，以吸引学生的兴趣，使他们更好地理解法律的实际应用。

3. 教育资源创新

创新性原则强调教育资源的创新，教育者和教育机构应该积极寻求和开发新的教育资源，包括教材、教学工具、在线平台和多媒体资源，这有助于提高法治教育的质量。

（五）持续性原则

1. 持续学习

持续性原则的核心是持续学习，法治教育应该强调学习是一个持续的过程，而不仅是在学校阶段的活动，公民应该被鼓励终身学习，不断更新法律知识，不断强化法治意识。

2. 教育合作

持续性原则还包括教育合作，不同教育机构和社会组织应该合作，分享教育资源和经验，以提供持续的法治教育。教育者和教育机构应该积极参与法治教育网络建设，推动教育的可持续发展。

3. 法治宣传

持续性原则强调法治宣传的重要性，政府、媒体和社会组织应该持续宣传法治原则和法律知识，以提醒公民的法治责任和义务。宣传应该是一个连续的过程，不仅限于特定时期。

法治教育的教育原则包括全面性原则、参与性原则、实践性原则、创新性原则和持续性原则。这些原则为教育者和教育机构提供了指导，确保法治教育的有效性和合法性。通过跨学科教育、跨年龄段教育、社会全面性、学生参与、社会参与、实践教育、案例分析、教育创新、课程创新、教育资源创新、持续学习、教育合作和法治宣传等原则，法治教育有助于培养学生的法治素质，提高社会的法治水平和公民素质。这些原则不仅有助于培养学生的法治意识和法治知识，也对整个社会的法治文化和法治社会的建设产生积极影响。因此，法治教育的教育原则是确保法治社会的核心价值和原则的重要基础。只有通过全面性、参与性、实践性、创新性和持续性的教育，法治教育才能真正发挥作用，为社会的进步和发展作出贡献。

第五节　法治教育与依法治国关系

一、依法治国理念的内涵

依法治国是现代国家治理的基本理念之一，它强调国家和社会应当以法律为基础，依照法律规定进行政治、经济、社会和文化管理。依法治国理念的内涵包括一系列核心要素，如法治、平等、公平、公正、人权、社会稳定等。这些要素共同构成了依法治国的基本框架。以下将深入探讨依法治国理念的内涵，分析其各个方面的重要作用。

（一）法治

1. 法治原则

依法治国理念的核心是法治原则，法治原则要求国家、政府和社会在所有领域的决策和行动都应当受到法律的约束。法治原则意味着国家和政府应当遵守《宪法》和其他法律，不得超越法律的权限行使权力。法治的基础是法律的平等适用，法律应当适用于所有人，无论其社会地位、财富或权力如何。法治还要求法律必须是公开的、明确的、可预测的，以便公民能够理解和遵守法律。此外，法治强调法律的合法权威，法律应当是根据宪法和法律程序制定的，符合国际法和人权法。

2. 法治文化

依法治国理念还包括法治文化，法治文化是一种尊重法律、依法行事的社会文化，它强调公民应当具备法治意识，了解和尊重法律。法治文化还要求国家、政府和社会积极宣传法律知识和法治原则，以促进社会的法治化。法治文化不仅限于法律专业领域，它应当贯穿整个社会，包括教育、媒体、文化和社会组织等。法治文化的建设有助于培养公民的法治素质，推动社会的法治进程。

3. 法治体系

依法治国理念还涉及法治体系，法治体系包括法院、检察院、律师和其他法律机构，它们负责维护法律的实施和公民的法律权益。法治体系应当独立、公平、有效地运作，以确保法律的执行和司法的公正。法治体系也包括法律程序，即起诉、审判、上诉等程序，它们应当透明、公平且合法。法治体系的建设有助于维护社会的法治秩序和公民的法律权益。

（二）平等

1. 平等原则

依法治国理念的另一个核心是平等原则，平等原则要求法律适用于所有人，不分种族、性别、宗教、社会地位或其他特征。平等原则强调每个公民在法律面前都应当是平等的，不应当受到歧视。平等原则还要求国家和政府采取措施，以减少社会不平等和不公平待遇，包括反对种族歧视、性别歧视、宗教歧视、年龄歧视等，以推动社会公平和正义发展。

2. 平等机会

平等原则还包括平等机会，平等机会要求国家和政府创造平等的机会，使每个人都有平等的机会参与社会、经济和政治活动，这包括教育、就业、升职、政治竞选等领域。国家和政府应当采取措施，以消除不平等和不公平，促进平等机会的实现。

3. 社会包容

平等原则还强调社会包容，社会包容要求国家和政府照顾弱势群体，如贫困人口、残疾人、少数民族等，以确保他们能够享受平等的权益和机会。社会包容不仅限于法律权益，还包括社会福利、医疗保障、教育和文化等方面。社会包容有助于建设一个包容性的社会，减少社会不平等。

（三）公平和公正

1. 公平原则

依法治国理念还强调公平原则，公平要求国家和政府在资源分配、机会分配和政策制定中坚持公平原则；公平原则要求社会资源和机会应当合理分配，不应当偏袒某个群体或个人；公平原则还包括公平竞争，企业和市场应当在公平的竞争环境下运作，不应当出现垄断或不正当竞争。

2. 公正原则

公正原则是依法治国理念的另一个关键要素；公正原则要求国家和政府在决策制定和政策执行中保持公正，不应当偏袒特定利益集团或个人；公正原则要求法律的实施和司法的判决应当公平，不受任何干扰或影响；公正原则还包括对犯罪和不法行为的惩治，以确保社会秩序和法治的维护。

3. 公共服务

公平和公正还涉及公共服务，国家和政府应当提供公共服务，以满足公民的基本需求，如教育、医疗、住房、安全等。公共服务应当是平等和公平的，不应当因个体或群体的特征而受到不公平待遇。国家和政府还应当建立公正的税收体系，以确保财富和资源的合理分配。

（四）人权

1. 人权保障

依法治国理念强调人权保障，人权是每个个体的基本权益，国家和政府应当保障公民的人权，不论是政治权利、经济权利、社会权利还是文化权利。人权包括言论自由、宗教信仰自由、结社自由、平等权利、财产权、受教育权、健康权等。国家和政府应当采取措施，以确保人权得到保障和尊重，不受侵犯。

2. 人权教育

人权保障还包括人权教育，国家和政府应当在教育体系中强调人权教育，教育公民了解和尊重人权原则。人权教育有助于培养公民的人权意识，使他们更加自觉地维护自己和他人的人权。

3. 司法保障

人权保障还要求司法体系对人权的保障，法院和法律机构应当积极保护公民的人权，防止人权侵犯。人权保障包括对人权侵犯的追究和赔偿，以确保受害人的权益得到合理补偿。

（五）社会稳定

1. 社会和谐

依法治国理念还强调社会稳定，社会稳定是国家治理的重要目标，它要求国家和政府采取措施，以维护社会秩序和社会和谐。社会和谐包括政治和谐、经济和谐、文化和谐等方面。国家和政府应当解决社会矛盾和纠纷，防止社会动荡和冲突。

2. 公共安全

社会稳定还包括公共安全，国家和政府应当保障公民的人身安全、财产安全和社会安全。提供警察、消防、医疗救助等公共服务，以确保公共安全。

3. 社会和平

社会稳定还要求社会和平，国家和政府应当积极推动和平解决国际纷争和冲突，防止战争和暴力。社会和平有助于国家的稳定和发展，以及全球和平与安全。

依法治国理念的内涵是现代社会治理的基石，它强调国家和政府应当以法律为基础，依照法律规定进行治理，保障公民的权益和社会的稳定，这一理念在国际社会中也得到广泛认可，成为维护和推动社会发展的基本原则。只有在依法治国的基础上，才能建设公平、公正和和谐的社会，保障人权，确保社会稳定。因此，依法治国理念的内涵是国家治理和社会建设的重要指导原则，应当得到全社会的理解和支持。

二、法治教育与依法治国的互动与互补

法治教育和依法治国是现代社会治理的两个关键领域，它们之间存在着紧密的互动与互补关系。法治教育是一种旨在培养公民对法律体系和法治原

则的理解、尊重和遵守的教育活动，而依法治国是一种国家治理理念，强调国家和政府应当以法律为基础，依照法律规定进行政治、经济、社会和文化管理。以下将深入探讨法治教育与依法治国之间的互动与互补关系，分析它们如何相互促进，以推动社会的法治进程和国家治理的现代化。

（一）法治教育的重要性

1. 公民法治素质的培养

法治教育的一个主要目标是培养公民的法治素质，通过法治教育，公民可以了解法律体系、法治原则和自己的法律权益。公民学会尊重法律、遵守法律，以及维护自己和他人的法律权益，这有助于构建一个守法的社会，减少犯罪和不法行为。

2. 社会法治化

法治教育还有助于促进社会的法治化，当公民普遍具备法治素质时，整个社会将更加法治化，法律将更容易得到遵守和执行。社会法治化有助于维护社会秩序和公共安全，减少社会冲突和不稳定因素。

3. 法治文化的建设

法治教育也对法治文化的建设起到关键作用，法治文化是一种尊重法律、依法行事的社会文化，它强调公民应当了解和尊重法律，遵守法律。通过法治教育，可以培养和强化法治文化，使其贯穿整个社会，包括教育、媒体、文化、社会组织等领域。

（二）依法治国的重要性

1. 社会秩序的维护

依法治国的一个核心目标是维护社会秩序，当国家和政府依照法律规定进行治理时，社会秩序将更加稳定和有序，法律的实施和司法的公正有助于解决争议和纠纷，减少社会动荡和冲突。

2. 公民权益的保障

依法治国强调保障公民的法律权益，法律是公民的保护伞，国家和政府应当确保法律的实施和执行，不仅保护公民的基本权益，还保护他们的财产权、人身权、言论自由等。依法治国有助于确保公民的权益不受侵犯。

3. 治理的合法性和透明度

依法治国强调治理的合法性和透明度，当国家和政府依照法律规定进行治理时，政策和决策将更加合法和透明，不容易受到滥用权力和腐败的影响。依法治国有助于建立公众对政府的信任和合法性。

（三）法治教育与依法治国的互动

1. 法治教育为依法治国提供人才

法治教育培养了一批懂法、守法的公民，他们能够更好地参与国家治理和社会建设，这些接受过法治教育的毕业生不仅了解法律体系和法治原则，还具备法治意识，有能力维护自己和他人的法律权益，这为依法治国提供了宝贵的人才资源。

2. 法治教育强化公民的法治素质

法治教育有助于培养公民的法治素质，使他们更加遵守、尊重法律，这不仅有助于构建守法的社会，还有助于减少犯罪和不法行为，维护社会秩序。公民的法治素质提高，将为国家治理提供更好的社会环境。

3. 法治教育促进法治文化的建设

法治教育不仅强化了个体的法治素质，还有助于法治文化的建设，通过法治教育，可以培养公民的法治意识，促进法治文化的普及。法治文化的建设有助于社会的法治化，加强对法律的尊重和遵守。

4. 法治教育提高依法治国的民众接受度

法治教育可以增强公众对依法治国的理解和支持，公民通过法治教育了解法律体系和法治原则，能够更好地理解国家和政府的政策和决策，法治教育增强了政策的接受度，还有助于提高政府的接受度。

（四）依法治国与法治教育的互补

1. 依法治国需要法治教育的培训

依法治国需要有足够的法律专业人才来执行法律和管理法治进程，法治教育为培养这些法律专业人才提供了必要的培训。律师、法官、检察官等专业人才通过法治教育获得法律知识和技能，他们在维护法律权益和促进法治进程中发挥着重要作用。

2. 法治教育弥补法律知识的不足

在依法治国的过程中，公民需要具备基本的法律知识，以便了解自己的法律权益和义务。然而，大多数公民缺乏法律知识，需要通过法治教育来弥补这一不足。法治教育向公民传授法律知识，使他们更容易了解和遵守法律。

3. 依法治国需要法治教育的支持

依法治国需要得到公众的理解和支持，法治教育有助于增强公民的法治意识，使他们更容易接受国家和政府依法治国的做法，公民了解法律体系和法治原则后，更有可能积极参与社会事务和国家治理，以促进社会的法治化。

4. 法治教育强化了国家治理的民众接受度

国家治理的合法性取决于政府的合法性和政策的民众接受度。法治教育可以增强公众对政府和政策的认知。公民了解法律体系和法治原则，将更容易理解政府的决策和政策，从而提高其接受度，这有助于维护国家治理的稳定和可持续性。

（五）挑战和前景

1. 法治教育的质量和可及性问题

法治教育的质量和可及性是一个挑战，一些地区和群体可能无法获得高质量的法治教育，这可能导致不平等和不公平。为了解决这个问题，国家和政府需要投资更多资源，以提高法治教育的质量，并确保它的可及性。

2. 法治教育内容的更新和适应性

法律是一个不断发展的领域，法律体系和法治原则也在不断演进，因此，法治教育的内容需要不断更新，以反映最新的法律发展和社会变化。法治教育应该注重实际问题和案例，以吸引学生的兴趣，使他们更好地理解法律的实际应用。

3. 法治文化的建设和传播

法治文化的建设和传播是一个长期的过程，国家和政府需要积极宣传法律知识和法治原则，以确保公民的法治素质得到提高，这需要投入时间和资源，同时也需要社会各界的共同努力。

4. 法治教育的全面性和参与性

法治教育需要是全面的，包括不同年龄段、不同社会背景的人群，它还应该是参与性的，允许学生积极参与，提出问题和观点，全面性和参与性的法治教育将更容易产生积极的影响，培养具有法治意识的公民。

法治教育不仅是一个课堂教学活动，它应该融入到整个社会生活中，这包括学校教育、家庭教育、社会媒体、法治宣传等各个方面。同时，依法治国也不仅仅是政府的事情，它需要公民积极参与。公民可以通过各种途径，如参与社会事务、监督政府行为、维护自己的法律权益等，来实现依法治国的理念。因此，法治教育和依法治国之间的互动不仅限于单一方面，它们共同构建了一个法治社会，其中每个人都是法治的参与者和受益者。

未来，随着社会的不断发展和变化，法治教育和依法治国将面临更多的挑战和机遇。法治教育需要不断更新教育内容，以适应法律领域的不断演进。同时，依法治国需要不断改进国家治理体系，提高政府的透明度和合法性。这将需要政府、教育机构、社会组织和公民共同合作，以推动法治教育和依法治国的互动与互补，促进社会的法治进程和国家治理的现代化。

最终，法治教育和依法治国是一个相辅相成的关系，它们共同构成了一个法治社会的基础。法治教育培养了具备法治素质的公民，为依法治国提供了人才和支持。依法治国通过法律体系和法治原则来维护公民的法律权益，增强政府的合法性和透明度。这两者共同推动了社会的法治进程，为建设一个公正、平等和稳定的社会创造了条件。因此，法治教育和依法治国应当在国家和社会治理中得到更多的重视和支持，以促进社会的法治进程和国家治理的现代化。

三、法治教育在维护国家法治建设中的角色

法治教育是一项重要的教育活动，旨在培养公民对法律体系和法治原则的理解、尊重和遵守，它在维护国家法治建设中扮演着至关重要的角色。法治建设是现代社会治理的核心内容，涉及国家治理、法律体系、司法体系等多个领域。本文将深入探讨法治教育在维护国家法治建设中的作用和重要性。

（一）国家法治建设的重要性

1. 国家法治建设的定义

国家法治建设是一个多层次、全面的过程，旨在建立和完善国家的法律体系、司法体系和法治文化，它包括《宪法》的制定、法律的制定、司法体系的建设、法治文化的传播等多个方面。

2. 国家法治建设的重要性

① 维护社会秩序：国家法治建设有助于维护社会秩序和公共安全，法律的制定和执行可以防止犯罪和不法行为，减少社会冲突和不稳定因素。

② 保障公民权益：国家法治建设强调保障公民的法律权益，包括人身权、财产权、言论自由等，法律体系的建立和完善有助于确保公民的权益得到保护。

③ 提高政府合法性和透明度：国家法治建设有助于政府的合法性和透明度，政府依照法律规定进行治理，政策和决策更容易得到公众的支持。

④ 促进社会公平和正义：国家法治建设有助于促进社会公平和正义，法律的实施和司法的公正可以减少社会不平等和不公平。

（二）法治教育在国家法治建设中的作用

1. 培养法治意识

法治教育有助于培养公民的法治意识，使他们了解法律体系和法治原则，法治意识是理解法律和尊重法律的基础，它使公民更容易遵守法律，维护自己和他人的法律权益。

2. 传授法律知识

法治教育向公民传授法律知识，包括《宪法》、《刑法》、《民法典》等，这有助于公民了解他们的法律权益和义务，以便更好地遵守法律。

3. 强化法治素质

法治教育有助于培养公民的法治素质，使他们具备维护法律权益的能力，法治素质包括法律意识、法治知识、法治技能等，它们有助于促进公民更好地参与社会事务和国家治理。

4. 促进法治文化的建设

法治教育有助于推动法治文化的建设，通过法治教育，法治文化得到普及和强化，公民更容易尊重法律，遵守法律，以及维护法治原则和价值观。

未来，法治教育应当继续发展，以更好地满足社会需求，它不仅是一种教育活动，更是国家法治建设的关键环节。通过不断提高法治教育的质量、内容更新和全面性，可以更好地培养具有法治素质的公民，促进法治文化的建设。同时，法治教育应与国家法治建设相结合，以确保法律体系和法治原则的有效实施，维护社会秩序和公民权益。法治教育不仅是公民的权利，也是国家法治建设的需要，只有通过法治教育的不断完善，国家法治建设才能够取得更大的成就，推动社会的法治进程和国家治理的现代化。

第二章　大学生法治素养的内涵与构成

第一节　大学生法治素养的内涵界定

一、大学生法治素养的综合定义

法治素养是指个体在法治意识、法治知识、法治道德、法治技能等多方面的综合素质。在大学生阶段，培养和提高法治素养是一项重要任务，因为大学生是国家的未来，他们将成为社会的中坚力量。大学生法治素养的综合定义旨在深入探讨这一主题，包括法治素质的内涵、构成要素、培养途径等方面，以帮助大学生更好地理解和提高自身的法治素养。

（一）法治素养的内涵

1. 法治意识

法治意识是法治素养的核心，它包括个体对法律的尊重、遵守法律的自觉性，以及法治原则和法治价值观的认同。具有强烈法治意识的大学生会尊重法律的权威性，认为法律是社会秩序的基石，愿意依法行事，同时能够辨别法律和非法律行为。

2. 法治知识

法治素养还包括了法治知识，即对法律体系、法律原则和法律法规的了解。大学生需要具备基本的法律知识，包括《宪法》《刑法》《民法典》等领域的基本概念和原则，这些知识有助于他们了解自己的法律权益和义务，从而更好地行使公民的权利。

3. 法治道德

法治道德是法治素养的一部分，强调了在法律框架内的道德行为，具有法治道德的大学生会认为，法律是道德的底线，他们将遵守法律不仅是因为法律的制裁，更因为遵守法律是一种道德选择。法治道德还包括了对他人的尊重和公平待遇，以及遵守契约和合同等方面的行为规范。

4. 法治技能

法治素养还需要具备一定的法治技能，包括对法律文书的理解能力、法律分析能力、法律研究能力等，这些技能有助于大学生更好地应对法律问题，解决争议，维护自己和他人的法律权益。法治技能也包括参与法治活动和社会事务的能力，如参与公共政策制定、法律倡导等。

（二）大学生法治素养的重要性

1. 维护社会秩序

大学生作为社会的中坚力量，他们的法治素养对维护社会秩序至关重要。具有强烈法治意识的大学生会自觉遵守法律，不参与违法行为，有助于社会的和谐与稳定。

2. 保障个人权益

大学生是社会公民，他们也是法律权益的享有者，通过学习法治知识和法治技能，大学生能够更好地维护自己的法律权益不被侵害。

3. 提高社会道德水平

法治道德是法治素养的一部分，它有助于提高社会的道德水平，大学生作为社会新生力量，其法治道德的行为和价值观将对社会的道德风气产生积极影响。

4. 参与社会建设

具备法治素养的大学生更容易参与社会建设和发展，他们可以成为法律领域的从业人员，或者积极参与公共政策制定和社会事务，推动社会的法治化进程。

5. 国家法治建设

大学生作为国家的未来，他们的法治素养也对国家法治建设具有重要意义。他们将成为国家的法律从业人员、司法官员、法学研究者等，通过自身的努力和贡献，为国家法治建设作出贡献。

大学生法治素养的综合定义包括法治意识、法治知识、法治道德、法治技能等多个方面。通过培养大学生的法治素养，可以更好地维护社会秩序、保障个人权益、提高社会道德水平、参与社会建设和推动国家法治建设。大学生是社会的未来，他们的法治素养对社会的发展和进步具有重要意义。因此，大学和社会应该共同努力，通过教育、活动、实践等多种途径，培养和提高大学生的法治素养，使他们成为具有法治素养的公民，为社会的法治建设和国家的法制进步做出积极贡献。

首先，要强调法治素养的培养不仅在大学校园中开展，它应该贯穿整个教育体系，包括基础教育、中等教育以及终身教育。法治素养的培养需要从幼儿园起，通过适龄的方式传递法治理念，以培养良好的法治基础。随着年龄的增长，法治知识和技能应逐渐加强，以适应日益复杂的社会环境。

其次，大学生法治素养的培养需要注重跨学科的融合。法律只是法治素养的一部分，其他学科如伦理学、政治学、社会学等也可以为培养法治素养提供宝贵的资源。通过跨学科的融合，大学生可以更全面地理解法治的内涵和重要性。

最后，大学生法治素养的培养也需要注重实践。理论知识的学习只是培养法治素养的一部分，实际应用和实践同样重要。大学生可以通过参与模拟法庭、法律援助、社区服务等活动来锻炼自己的法治技能和道德观念。

综上所述，大学生法治素养是一个综合性素养，包括法治意识、法治知识、法治道德、法治技能等多个方面。培养大学生的法治素养对维护社会秩序、保障个人权益、提高社会道德水平、参与社会建设和推动国家法治建设具有重要意义。大学和社会应该共同努力，通过多种途径，为大学生的法治素养提供更好的培养环境和机会，以培养具有法治素质的公民，推动社会的法治进程和国家治理的现代化。

二、大学生法治素养的基本特征

随着社会的不断发展和法治观念的深入，大学生法治素养受到越来越多的关注。大学生是国家的未来，他们在法治素养的培养过程中扮演着重要的角色。以下将探讨大学生法治素养的基本特征，包括法治意识、法治知识、法治道德、法治技能等方面，以帮助更好地理解和培养大学生的法治素养。

（一）法治意识

1. 尊重法律权威

具有法治意识的大学生能够尊重法律的权威性，认为法律是社会秩序的基石，愿意遵守法律。

2. 自觉遵守法律

大学生具备自觉遵守法律的意愿，不会违法犯法，而是根据法律的规定来行事。

3. 法治原则认同

大学生应当认同法治原则，如公平、公正、平等、人权等，这些原则是法治社会的核心。

4. 法治参与意识

大学生积极参与法治活动和社会事务，如法治讲座、法治倡导、法律援助等，表现出对法治社会的参与意愿。

（二）法治知识

1. 基本法律体系

大学生应当了解《宪法》、《刑法》、《民法典》等基本法律体系，理解法律的体系结构。

2. 法律法规

他们需要了解国家法律法规，包括法规的名称和内容，以便了解自己的法律权益和义务。

3. 法律程序

具备了解法律程序的能力，如诉讼程序、行政复议程序等，能够在需要时运用法律程序来维护自己的权益。

4. 重要判例

了解重要法院判例，如最高法院的判例，以了解法律的实际应用。

（三）法治道德

1. 法治诚信

大学生应当守信用，不采取欺骗、欺诈或违法手段来谋取个人利益。

2. 法治公正

对待他人应公平、公正，不歧视、不侮辱他人，维护法治社会的公平和正义。

3. 法治合法性

具备遵守法律程序和法定程序来解决争议的能力，不采取非法手段来实现个人或集体权益。

4. 法治责任感

认识到自己在法治社会中的责任，积极履行法定义务，参与社会和国家的法治建设。

（四）法治技能

1. 法律文书解读

具备能力理解和分析法律文书，如法律条文、合同、法院文件等。

2. 法律问题分析

能够分析法律问题和案件，提出解决方案。

3. 法律研究能力

具备法律研究和信息查找的技能，能够深入了解特定法律问题。

4. 参与法治活动

积极参与法治活动和社会事务，如法律援助、法律倡导等，表现出法治技能的实际应用。

5. 法治实践

通过参与法治实践，如模拟法庭、法律援助，大学生可以锻炼法治技能。

6. 跨学科学习

学校可以鼓励跨学科学习，使学生具备多领域的知识和技能，以应对复杂的法律问题。

（五）大学生法治素养的综合特征

大学生法治素养的综合特征包括了上述四个方面的基本特征，即法治意识、法治知识、法治道德、法治技能。综合起来，大学生法治素养的具体表现如下。

1. 具备强烈的法治意识

认识到法律的权威性，愿意遵守法律，积极参与法治活动，表现出对法治社会的高度认同。

2. 具备扎实的法治知识

了解《宪法》、《刑法》、《民法典》等基本法律体系，熟悉国家法律法规，能够运用法律知识解决实际问题。

3. 具备良好的法治道德

守信用，不采取欺骗、欺诈或违法手段，对待他人公平、公正，具备法治责任感。

4. 具备实际的法治技能

能够理解和分析法律文书，具备法律问题分析能力，能够深入研究法律问题，参与法治活动，推动法治建设。

这些特征共同构成了大学生法治素养的整体特征，反映了他们在法治领域的全面素养，培养这些特征对于大学生和整个社会都具有积极意义。

大学生法治素养的基本特征包括法治意识、法治知识、法治道德、法治技能。培养这些特征对于维护社会秩序、保障个人权益、提高社会道德水平、参与社会建设和推动国家法治建设具有重要意义。

三、大学生法治素养培养的途径

法治素养是指个体在法治社会中应具备的一种综合性素养，它涵盖了法治意识、法治知识、法治道德、法治技能等多个方面。对于大学生来说，法治素养的培养至关重要，因为他们是国家的未来，将在不久的将来进入社会，承担重要的社会责任。以下将探讨大学生法治素养培养的途径，以帮助更好地理解和培养这一重要素养。

1. 参与法治实践

大学生应积极参与法治实践，如法律援助、模拟法庭、社区服务等，通过实际参与法治活动，他们可以将法治素养转化为实际行动，锻炼法治技能和法治道德。

2. 跨学科学习

大学应鼓励学生进行跨学科学习，使他们不仅了解法律领域的知识，还具备多领域的知识和技能，以应对复杂的法律问题。法治素养不仅是法律专业学生的专属，它应该融入各个学科领域。

3. 法治文化建设

学校和社会可以共同宣传法治文化，通过法治文化活动影响学生的法治观念，这包括举办法治讲座、法治展览、法治教育活动等，以提高学生对法治的认同。

4. 法治教育体系建设

大学应建立完善的法治教育体系，包括法律课程、法治教育活动、法学研究等，这样可以确保学生获得系统的法治知识和培养全面的法治素养。

5. 参与社会建设

大学生的法治素养也应体现在积极参与社会建设和公共事务中，他们可以参与公共政策制定、社会组织、公益活动等，为社会发展和国家法治建设作出贡献。

6. 职业道德

在将来的职业生涯中，大学生应继续发展和应用他们的法治素养，无论是从事法律职业还是其他领域，法治素养都能够帮助他们更好地履行职业道德，遵守法律法规，服务社会。

7. 国际法治视野

随着全球化的发展，国际法治视野也成为大学生法治素养的一部分，了解国际法律体系、国际法律组织、国际人权等，有助于培养具有国际视野的法治素养。

大学和社会应共同努力，为大学生的法治素养提供更好的培养环境和机会,以培养具有法治素质的公民,推动社会的法治进程和国家治理的现代化。只有通过多种途径,才能够培养出具有强烈法治素养的大学生,为社会和国家的法治建设做出更大的贡献。

第二节　大学生法治素养的构成要素

一、法律知识与法规意识的重要性

法律知识与法规意识是现代社会中不可或缺的要素,对于个人、社会和国家都具有一定的重要性。法律知识是指人们对法律体系、法律法规和法律原则的了解,而法规意识则是指人们认识到法律法规的权威性,自觉遵守法律法规的观念。在一个法治社会中,法律知识与法规意识的重要性不言而喻。以下将深入探讨法律知识与法规意识的重要性。

(一)法律知识的重要性

1. 维护权益和义务

了解法律知识的个人更容易维护自己的权益和履行自己的法定义务,法律知识使人了解自己在法律体系中的权利和义务,帮助他们避免侵犯他人的权益,同时保护自己的合法权益。对于个人而言,法律知识是一种自我保护和自我约束的工具。

2. 防止法律纠纷

法律知识有助于人们避免卷入法律纠纷,当人们了解法律规定和法律程序时,他们更容易避免违反法律,减少了涉入诉讼和争议的机会,这有助于减少不必要的法律费用和时间浪费。

3. 推动社会公平和正义

法律知识有助于个人认识到社会公平和正义的重要性,了解法律体系和法律原则使人们更容易辨别不公正行为，并积极参与争取社会公平和正义的活动。法律知识的传播和应用有助于推动社会的发展和改善。

4. 培养公民基本素质

法律知识是公民的基本素质之一，在一个法治社会中，公民应该了解自己的权利和义务，遵守法律，积极参与社会事务。具备法律知识的公民更容易履行这些责任，成为积极的社会成员。

5. 维护个人安全

法律知识有助于维护个人安全，人们可以通过了解刑法、公共安全法规等，避免危险行为，减少暴力和犯罪的风险。此外，了解自卫权和合法防卫的法律规定可以帮助个人在危急时刻保护自己。

6. 促进民主参与

在民主社会中，了解法律知识的公民更容易积极参与政治过程，他们能够理解选举、政府决策和政策制定的法律背景，为自己的观点辩护，并支持或反对特定政策。法律知识是民主参与的基础。

（二）法规意识的重要性

1. 维护法治秩序

法规意识是维护法治秩序的重要因素，人们认识到法律法规的权威性，自觉遵守法律，不会违法犯法。在一个遵纪守法的社会中，法规意识有助于维护社会秩序，减少犯罪和纠纷的发生。

2. 防止腐败

法规意识有助于防止腐败现象的发生，它使人们了解贪污和滥用权力的违法性质，不会参与腐败行为。在一个遵守法律的社会中，腐败现象得到有效控制。

3. 保护公共利益

法规意识有助于保护公共利益，人们认识到法律法规的目的是维护社会的公共利益，不会为了个人或特定团体的私利而违反法律，这有助于确保公共资源的合理分配和社会公平。

4. 促进社会和谐

法规意识有助于促进社会和谐，人们自觉遵守法律，不会采取暴力、欺凌或非法手段来解决争端，这有助于减少社会冲突和紧张局势，促进社会的和谐与稳定。

5. 维护国家安全

法规意识有助于维护国家安全，人们了解国家法律法规对国家安全的重要性，不会从事破坏国家安全的活动，这有助于维护国家的长期稳定与安全。

6. 彰显法治精神

法规意识的培养有助于彰显法治精神，人们在遵守法律的同时，也会对违法行为提出抗议和反对，这种法治精神有助于推动社会的法治进程。法规意识不仅是遵守法律，还包括对法律的尊重和对法治原则的坚守。

政府、教育机构、社会组织和个人都应该共同努力，促进法律知识与法规意识的普及和培养。通过法律教育、宣传活动、法治文化的推广，可以提高人们对法律的认识和尊重，使法律成为社会生活的基本准则，确保社会和国家的持续发展和进步。只有通过全社会的共同努力，才能够建立一个更加公平、公正、和谐的社会，实现建设法治社会的目标。

二、法治思维与法律思考的培养

法治思维与法律思考是在法治社会中至关重要的素养，涉及对法律、法规和法治原则的理解，以及在各种情境下如何运用法律思考来解决问题和做出决策。这种思维方式和思考能力不仅对法律专业人士具有重要性，对每个公民来说都具有重要性。以下将探讨法治思维与法律思考的培养，以及它们的重要性和影响。

（一）法治思维与法律思考的概念

1. 法治思维

法治思维是指个体或机构在法治社会中对法律、法规和法治原则进行思考和应用的方式。它包括了以下几个方面。

① 尊重法律权威：法治思维要求个体尊重法律的权威性，认为法律是社会秩序的基础，应该遵守法律。

② 法治原则认同：具备法治思维的个体应当认同法治原则，如公平、公正、平等、人权等，这些原则是法治社会的核心。

③ 法治分析和决策：法治思维使人们能够在面临法律问题时进行深入的法律分析，以便做出合法合规的决策。

④ 法治参与意识：拥有法治思维的个体应积极参与法治活动和社会事务，表现出参与法治社会的意愿。

2. 法律思考

法律思考是指在特定情境下，运用法律知识和法治原则来分析问题、做出决策的思考方式，它包括了以下内容。

① 法律问题分析：法律思考要求个体能够分析法律问题，理解问题的法律性质和涉及的法律规定。

② 法律原则应用：具备法律思考能力的人应能够运用法治原则和法律知识，为问题找到合法的解决方案。

③ 法律决策：法律思考使人们能够在法律框架内做出决策，确保决策合法、合规。

④ 法律道德考虑：法律思考也包括对法律道德的思考，考虑到法律背后的道德原则和价值观。

（二）法治思维与法律思考的培养

1. 法律教育

法律教育是培养法治思维与法律思考的关键途径，学校和法律院校应提供全面的法律课程，培养学生理解和分析法律的能力，这包括法律原则、案例分析、法律伦理等方面的教育。

2. 实际案例研究

通过研究实际法律案例，个体可以更好地理解法治思维与法律思考的应用，这种案例研究可以帮助人们了解法律原则如何在实际情境中应用，如何分析法律问题，并找到解决方案。

3. 法律职业培训

法律职业培训是法治思维与法律思考的重要组成部分，律师、法官、法律顾问等法律从业者需要不断提高自己的法律思考能力，以应对复杂的法律问题，定期培训和继续教育对于保持专业素质至关重要。

4. 社会参与

参与法治活动和社会事务可以培养法治思维与法律思考，个体通过参与公益法律援助、法治倡导组织、社区活动等，可以将法律知识与思维应用于实际情境，提高法律思考能力。

5. 跨学科学习

法治思维与法律思考不仅是法律专业的领域，也可以在跨学科学习中培养，学生可以在其他学科中学习与法律相关的内容，如伦理学、政治学、社会学等，以提高综合思考能力。

（三）法治思维与法律思考的重要性

1. 促进法治社会

法治思维与法律思考是法治社会的基石，它们帮助个体和机构了解法律的权威性，自觉遵守法律，推动社会的法治进程。在一个法治社会中，法治思维与法律思考有助于维护社会秩序，减少犯罪和纠纷的发生。

2. 保护个人权益

法治思维与法律思考有助于个体维护自己的权益，个体可以通过法律思考来了解自己的权利和义务，采取合法合规的方式来维护自己的权益。这有助于减少个人权益受到侵犯的可能性。

3. 促进公平与正义

法治思维与法律思考有助于促进社会公平与正义，它们使人们能够分辨不公正行为，积极参与争取公平和正义的活动。法治思维与法律思考有助于纠正不正当的行为和制度，推动社会的公平与正义。

4. 防止腐败

法治思维与法律思考有助于防止腐败，具备法治思维的人了解贪污和滥用权力的违法性质后，不会参与腐败行为。在一个遵守法律的社会中，腐败现象得到有效控制。

5. 保护国家安全

法治思维与法律思考对维护国家安全至关重要，了解国家法律法规对国家安全的重要性，就不会从事破坏国家安全的活动，这有助于国家的长期稳定与安全。

6. 法治文化的传播

法治思维与法律思考的培养有助于法治文化的传播，人们了解法律的权威性和法治原则，有助于树立法治精神，推动社会的法治进程，这对于国家的法治建设和现代化治理具有积极意义。

法治思维与法律思考是法治社会不可或缺的素养，它们有助于维护社会秩序、保护个人权益、促进社会公平与正义、防止腐败、保护国家安全及传播法治文化。培养法治思维与法律思考需要法律教育、实际案例研究、法律职业培训、社会参与和跨学科学习的共同努力。只有全社会共同努力，才能够建立一个更加公平、公正、和谐的社会，实现法治社会的目标。同时，每个个体都应该努力提高自己的法治思维与法律思考能力，为推动社会和国家的法治进程作出积极贡献。

三、法治实践与社会参与的角色

法治实践与社会参与是现代法治社会中的重要元素，它们不仅是法治体系的一部分，也是法治精神的具体体现。法治实践是指在法治原则的指导下，个人和组织参与法律事务、维护自身权益，以及推动法治进程的活动。社会参与则强调了个体和社会组织在法治建设和社会事务中的积极参与。以下将探讨法治实践与社会参与的角色，以及它们在法治社会中的重要性和影响。

（一）法治实践的角色

1. 维护权益

法治实践在维护个人和集体权益方面发挥着关键作用，个人可以通过法治实践来寻求合法的解决方案，维护自身的合法权益，这可能涉及提起诉讼、起草合同、申请知识产权保护等一系列法律行动。

2. 促进法治文化

法治实践有助于促进法治文化的传播，通过积极参与法律事务，人们更好地了解法律的权威性和法治原则，树立法治精神，这有助于法治观念的普及，推动社会的法治进程。

3. 维护社会秩序

法治实践对维护社会秩序至关重要，它使人们了解法律的制约作用，不会采取暴力、欺凌或非法手段来解决争端，通过法治实践，社会冲突和紧张局势得以减少，社会更加和谐与稳定。

4. 促进公平与正义

法治实践有助于促进公平与正义，它能够帮助人们分辨不公正行为，积极参与维权和争取公平的活动，通过法治实践，不正当的行为和制度得到纠正，社会公平和正义更容易实现。

5. 防止腐败

法治实践对防止腐败现象的发生起到关键作用，通过了解贪污和滥用权力的违法性质，人们可以积极揭发腐败行为，推动反腐行动，法治实践可以促进建设廉洁和透明的社会环境。

6. 提高法治素养

通过积极参与法律事务和法治实践，个人可以提高自身的法治素养，他们更加了解法律体系和法律原则，成为积极的社会成员，具备更高的法治素质。

（二）社会参与的角色

1. 促进法治建设

社会参与是法治建设的重要动力，社会组织、非政府组织和个体积极参与法治建设，可以监督政府的法治进程，提出改进建议，推动法治法规的制定和修订。

2. 促进公共参与

社会参与有助于促进公众对政府决策的参与，公众可以通过公开听证会、公民咨询、社会磋商等渠道，表达自己的意见和需求，影响政府决策，确保政策更加符合公众利益。

3. 保护人权

社会参与有助于保护人权，人权组织和社会活动家可以通过社会参与来揭示人权侵犯，支持受害者，推动人权保护，社会参与对于维护人权至关重要。

4. 环境保护

社会参与在环境保护方面发挥着重要作用，环保组织和社会活动家可以通过社会参与来揭示环境破坏行为，推动政府和企业采取环保措施，保护自然资源和生态系统。

5. 民主参与

在民主社会中，社会参与是民主制度的关键元素，公民可以通过选举、投票、政治运动等方式积极参与政治过程，为自己的观点辩护，支持或反对特定政策。社会参与是民主参与的基础。

6. 社会和谐

社会参与有助于社会的和谐，通过参与社会事务、公益活动等，人们更容易理解社会的多元性和多样性，促进社会的和谐与共融。

（三）法治实践与社会参与的重要性

1. 推动法治进程

法治实践与社会参与是推动法治进程的关键因素，它们有助于监督政府的法治建设，推动法律法规的制定和修订。在一个积极参与的社会中，法治进程更加有力、公正和民主。

2. 维护社会稳定

法治实践与社会参与有助于维护社会稳定，通过法治实践，人们能够理解法律的制约作用，不会采取非法手段来解决争端，减少社会冲突和紧张局势。社会参与则有助于民主决策，满足公众需求，减少社会不满和抗议活动。

3. 保护人权和权益

法治实践与社会参与有助于保护人权和权益，它们使个体和社会组织能够揭示人权侵犯，提供法律援助，支持受害者，人权得到更好的保护。

4. 提高法治素养

通过积极的法治实践和社会参与，个体可以提高自身的法治素养，他们更了解法律体系、法治原则和社会事务，具备更高的法治素质，更容易适应法治社会的要求。

5. 激发社会创新

社会参与有助于激发社会创新，公众参与政策制定和社会事务，提供新的观点和解决方案。这有助于社会问题的创新解决和社会发展。

6. 增进社会信任

法治实践和社会参与有助于增进社会信任，公众对政府和社会机构的监督，使他们工作更加透明和负责，增加了公众对这些机构的信任。

法治实践与社会参与是现代法治社会中不可或缺的元素，它们有助于维护公众权益、促进法治文化建设、维护社会秩序、促进公平与正义、防止腐败、提高公众法治素养、推动法治建设、促进公共参与、保护人权、环境保护、民主参与，维护社会稳定、保护人权和权益、激发社会创新、增进社会信任。在一个积极参与的社会中，法治体系更加健全，社会更加公正、民主、和谐。因此，政府、社会组织和个体都应积极参与法治实践和社会事务，为法治社会的建设和发展作出贡献。

四、法治道德与职业操守的塑造

在现代社会，法治道德和职业操守是构建法治社会不可或缺的要素，它们是确保公民和职业人士遵守法律、秉持道德原则并履行职业职责的基础。以下将探讨法治道德与职业操守的概念，它们的重要性以及如何塑造和培养这些品质。

（一）法治道德

1. 法治道德的概念

法治道德是指在法治社会中，个体和组织遵守法律并秉持道德原则的品质，它包括以下几个要素。

① 尊重法律权威：法治道德要求个体和组织尊重法律的权威性，认为法律是社会秩序的基础，应该遵守法律。

② 遵守法律和规章：法治道德要求个体和组织遵守法律和规章，不从事违法活动或规避法律规定。

③ 尊重法治原则：具备法治道德的人应当认同法治原则，如公平、公正、平等、人权等，这些原则是法治社会的核心。

④ 遵守合同和义务：法治道德要求个体和组织履行合同和义务，不违背承诺。

⑤ 不滥用权力：具备法治道德的人应当不滥用权力，不以权谋私，不侵害他人的权益。

2. 道德原则

法治道德与一般道德原则密切相关，一些通用的道德原则包括以下几个方面。

① 诚实与诚信：诚实是尊重事实，不撒谎或隐瞒真相，诚信是言行一致，信守承诺。

② 公平与公正：公平是平等对待所有人，不偏袒或歧视，公正是遵循法律和道德原则，不陷人于不公。

③ 尊重他人：尊重他人的权利、尊严和自由，不侵犯他人的权益。

④ 责任与义务：履行个人和社会的责任和义务，不逃避或规避责任。

⑤ 善意与同情：以善意和同情对待他人，不伤害或歧视他人。

（二）职业操守

1. 职业操守的概念

职业操守是指在特定职业或领域中，从事专业工作的个体应遵守的一套道德规范和行为准则。职业操守有助于确保职业人士履行职责，并维护职业的声誉。不同职业领域可能有不同的职业操守准则。

2. 职业道德准则

职业操守的内容通常由职业道德准则或行业规范来规定，这些准则包括了职业人士应当遵循的行为规范、道德价值观和职业责任。例如，医生的职业操守要求他们保护病人的隐私、提供最佳医疗护理、不从事不道德的实践。律师的职业操守包括保护客户的权益、维护法治、遵守法律伦理。

（三）法治道德与职业操守的重要性

1. 保障法治

法治道德与职业操守是保障法治的重要因素，在一个尊重法律权威和遵守法律的社会中，法治体系更加健全，法律更容易得到执行。职业人士的职业操守确保了他们不会从事违法活动或规避法律规定。

2. 保护公共利益

法治道德和职业操守有助于保护公共利益，它们确保了职业人士不会追求个人私利，而是服务公众和社会的最大利益。在医疗领域，医生的职业操守确保了病人的安全和健康。在金融领域，金融从业者的职业操守有助于保护投资者的权益。

3. 维护社会秩序

法治道德和职业操守有助于维护社会秩序，个体和组织遵守法律和道德规范，减少了犯罪和纠纷的发生。职业人士的职业操守确保了他们在职责范围内工作，不滥用权力或职位，不侵害他人的权益，有助于社会和谐和稳定。

4. 维护职业声誉

法治道德与职业操守有助于维护职业声誉，职业人士秉持道德原则，不仅满足了法律的要求，还为自己的职业赢得了信任和尊重。职业声誉对于职业人士的职业生涯和个人发展至关重要。

5. 促进公共信任

公众信任是法治社会的重要组成部分，法治道德与职业操守有助于增进公众对职业人士和组织的信任。人们更愿意依赖医生、律师、金融专家等，因为他们相信这些职业人士将秉持高尚的道德原则。

6. 促进职业发展

遵守法治道德规范和职业操守有助于个人的职业发展，这些品质使职业人士更有竞争力，更容易获得职业机会和升迁机会。在法治社会中，具备高度道德操守的职业人士更容易受到认可。

（四）法治道德与职业操守的塑造

1. 教育与培训

教育和培训是法治道德与职业操守的塑造重要途径，学校和培训机构应该向学生和职业人士教授关于法治原则和职业道德的知识，培养他们的法治思维和道德观念。医学、法学、商学等领域的学院的教育应该强调法律伦理和职业道德。

2. 专业组织

专业组织在规范职业行为方面发挥重要作用，它们通常制定职业操守准则和道德规范，监督会员的行为，处理投诉和违规行为。医学协会、律师协会、会计协会等专业组织都有自己的职业操守准则。

3. 法律法规

政府通过法律法规来规范和监管职业行为，这些法律法规包括职业准入要求、职业行为规范、处罚规定等。它们确保职业人士遵守法律和道德原则，否则将受到法律制裁。

4. 道德教育

道德教育是培养法治道德与职业操守的重要组成部分，家庭、学校、宗教机构和社会组织都可以在道德教育中强调尊重、诚实、责任感和同情心等道德原则。

5. 自我约束与反思

个体和组织应该进行自我约束和反思，每个人都应该审视自己的行为，反思行为是否符合法治道德和职业操守。组织应该建立内部机制来监督和评估成员的行为，确保他们遵守法律和道德。

6. 责任与道德模范

领导和权威人士在法治道德和职业操守的塑造中起到关键作用，他们应该成为道德模范，秉持高尚的法治道德与职业操守，为他人树立榜样。政府官员、公司领导、教育者等领域的领导人应该展现出合法和道德的行为，以鼓励他人效仿。

7. 反馈和改进

法治道德与职业操守的塑造需要不断的反馈和改进，个体和组织应该根据经验教训，调整行为和政策，以更好地符合法治原则和道德规范。定期的自我评估和反馈机制有助于不断改进。

法治道德与职业操守在现代社会中具有重要地位，它们有助于保障法治、保护公共利益、维护社会秩序、塑造职业声誉、促进公共信任和促进职业发展。这些品质的塑造需要综合的教育、专业组织的规范、法律法规的监管、道德教育、自我约束和反思、领导的榜样作用，以及不断的反馈和改进。只有通过全社会的共同努力，才能够建立一个更加法治、道德、和谐的社会。个体和组织都应该积极参与，共同为法治道德与职业操守的塑造和维护贡献力量。

五、法治文化与国际视野的拓展

法治文化是一个社会中的重要组成部分，它包括法律、法规、法治观念、法治伦理、法治实践等元素。随着全球化的加速发展，国际交往与合作变得愈发密切，法治文化在国际视野中的拓展愈加重要。以下将探讨法治文化的概念、国际视野的拓展与法治文化的关系，以及国际合作中法治文化的重要性。

（一）法治文化的概念

1. 法治文化

法治文化是指一个社会中的法治观念、法治原则和法治实践所共同形成的文化氛围，它包括对法律和法规的尊重，对公平和正义的追求，对个人和组织遵守法律的期待。法治文化强调法治精神的普及，促使社会成员积极参与法律事务和法治建设。

2. 法治观念

法治观念是法治文化的核心，它包括对法律权威的尊重，认识到法律是社会秩序的基础，应该遵守法律。法治观念还包括对法治原则的认同，如公平、公正、平等、人权等，这些原则是法治社会的核心。

3. 法治原则

法治原则是法治文化的指导原则，它们包括公平、公正、平等、合法性、透明度和人权等原则。法治原则在法律制定、司法决策和社会事务中发挥着重要作用，确保法律的公正和合法性。

4. 法治伦理

法治伦理是法治文化的道德维度。它强调道德原则和价值观在法律遵守和法治实践中的重要性。法治伦理包括诚实、诚信、公平、负责任、尊重他人等道德原则。

（二）国际视野的拓展

1. 全球化的影响

全球化是国际视野拓展的重要动力。随着全球化的加速发展，国家之间的联系更加密切，国际合作变得更为紧迫，这要求不同国家在法治文化方面拓展国际视野，以更好地协调合作和解决跨国问题。

2. 国际合作的需求

国际合作需要各国在法治文化方面有共同的理解和价值观，在国际关系中，各国需要遵守国际法和国际法治原则，以确保和平、安全、稳定和可持续发展。国际合作需要建立相互信任，这离不开法治文化的共鸣。

3. 全球性挑战

全球性挑战，如气候变化、贸易争端、人权问题等，需要国际社会的共同努力来解决，这些问题超越国界，需要全球范围内的法治合作和协调。国际视野的拓展有助于各国更好地应对这些挑战。

（三）国际合作中法治文化的重要性

法治文化在国际合作中有助于促进国际法治，国际法是国际关系的基础，它规定了国家之间的权利和义务。通过法治文化的传播和普及，各国更容易遵守国际法和履行国际义务。法治文化也有助于解决国际争端，通过和平手段解决争端，遵守国际仲裁和裁决。

1. 保护人权

国际合作中的法治文化有助于保护人权，国际人权法是国际法治的一部分，它规定了人权的普遍原则。法治文化的拓展有助于各国更好地保护人权，确保人权得到尊重和保障。它还有助于揭示侵犯人权的行为，提供法律援助和救济。

2. 促进可持续发展

国际合作中的法治文化对于可持续发展至关重要，可持续发展目标是国际社会的共同愿景，需要各国共同合作以实现这些目标。法治文化的拓展有助于确保各国在可持续发展方面遵守国际法律，采取合法的措施来保护环境、减少贫困、促进经济增长。

3. 防止国际犯罪

国际合作中的法治文化有助于防止国际犯罪，打击跨国犯罪，如跨国贩毒、恐怖主义、走私和腐败等问题，需要国际社会的共同努力。法治文化的拓展有助于各国更好地合作，提供法律援助，追究犯罪分子的责任。

4. 维护国际和平与安全

国际和平与安全是国际社会的重要目标，国际合作中的法治文化有助于预防冲突和维护和平。它鼓励国家通过和平手段解决争端，遵守国际法和国际法治原则，促进国际社会的稳定和和平。

（四）拓展国际视野的方法

1. 教育与宣传

教育与宣传是拓展国际视野的重要途径，国际法、国际人权法、国际法治原则等知识应该在学校、大学和公共场所进行普及和宣传。政府和国际组织可以开展宣传活动，向公众传递国际法治的信息。

2. 国际合作与交流

国际合作与交流是拓展国际视野的重要手段，各国可以通过参与国际合作项目、文化交流和学术研究来推动法治文化的国际传播，国际组织、非政府组织和跨国公司也可以在国际合作中发挥积极作用，促进法治文化的传播。

3. 国际法治培训

国际法治培训有助于培养在国际事务中具备法治文化的专业人士，国际法律培训机构可以为政府官员、律师、法官、国际组织工作人员等提供培训课程，以提高他们的国际法治素养。

4. 国际合作项目

国际合作项目有助于推动法治文化的国际拓展，跨国项目可以涵盖各种领域，如环境保护、人权、教育、卫生，这些项目鼓励各国合作，共同解决国际问题，促进国际法治。

5. 国际法治组织

国际法治组织是推动拓展法治文化国际视野的重要力量，这些组织专注于国际法治问题，为各国提供法律援助、研究和政策建议。国际法治组织可以协助国际社会更好地理解和遵守国际法治原则。

法治文化与国际视野的拓展在当今全球化时代具有重要意义，它有助于促进国际法治建设、保护人权、促进可持续发展、防止国际犯罪及维护国际和平与安全。国际合作中的法治文化在解决跨国问题和促进国际和谐方面发挥着关键作用。各国应积极参与国际合作项目、推动法治文化的教育与宣传、加强国际法治培训，并支持国际法治组织的工作，以实现更加公正、和平、繁荣的国际社会。通过这些努力，国际社会可以更好地应对全球性挑战，推动国际法治的进步，并确保全球的可持续发展。

同时，国际社会需要理解法治文化的多样性。不同国家和文化背景下的法治观念和实践可能有所不同，但在国际合作中，共同遵守国际法律和法治原则是至关重要的。国际社会需要尊重各国的法律体系和文化差异，以建立互相尊重和合作的国际秩序。

最后，国际法治的拓展需要全球领导人和国际组织的支持。各国政府和国际组织应该共同努力，制定和实施国际法治政策，推动国际合作项目，加强国际法治培训，以实现国际法治的进一步发展。只有通过全球合作和努力，我们才能够建立更加和平、公正和法治的国际社会，应对全球性挑战，促进可持续发展，确保人权得到尊重，维护国际和平与安全。

六、跨学科素养与综合应用的发展

在当今世界，知识不再被简单地局限于特定学科领域，跨学科素养和综合应用成为教育领域的关键议题。这种发展反映了我们生活在一个信息交流迅速、学科之间互相交叉的时代。以下将探讨跨学科素养的概念，跨学科素养与综合应用的关系，以及跨学科素养和综合应用在教育和职业领域的重要性。

（一）跨学科素养的概念

1. 跨学科素养

跨学科素养是指个体具备的，能够在多个学科领域之间灵活运用知识和技能的能力。它不仅要求个体掌握单一学科领域的知识，还要能够将不同学科的知识相互整合，解决复杂问题，应对多样性挑战。

2. 跨学科学习

跨学科学习是培养跨学科素养的方法，它包括各学科领域之间的知识交叉和综合应用，以及解决真实世界问题的能力培养。跨学科学习鼓励学生涉足不同学科，掌握多种技能，培养综合思维。

3. 跨学科研究

跨学科研究是跨学科素养的实际体现，它要求研究者不仅要在自己的领域深入研究，还要与其他领域的专家合作，以解决复杂问题，跨学科研究有助于创新和知识交流。

（二）跨学科素养与综合应用的关系

1. 跨学科素养与综合应用的关联

跨学科素养与综合应用有紧密的关联，跨学科素养提供了多学科知识的基础，而综合应用是将这些知识应用于实际问题和场景中。综合应用需要跨学科素养来整合不同学科领域的知识和技能，以解决具体问题。

2. 综合应用的范围

综合应用可以发生在多个领域中，包括教育、科学研究、医疗、工程、商业、政策制定等。在每一个领域中，综合应用都要求个体具备跨学科素养，能够将多领域的知识和技能整合，解决复杂问题。

3. 跨学科研究的实践

跨学科研究是综合应用的一种实践，研究者需要将不同领域的知识和方法相互整合，以寻找创新解决方案。跨学科研究强调了综合应用的必要性，并促进了知识交流和合作。

（三）跨学科素养与综合应用的重要性

1. 解决复杂问题

当问题变得复杂多样时，单一学科的知识和技能通常不足以解决。跨学科素养和综合应用提供了一种综合的方法来应对复杂问题，它使个体能够跨足不同学科，整合多领域的知识，找到全面的解决方案，例如，应对气候变化、医疗疾病、全球贫困等全球性问题时，需要涉及多个领域的知识和专业技能，跨学科素养和综合应用能够帮助人们更好地应对这些挑战。

2. 培养创新思维

跨学科素养和综合应用有助于培养创新思维，当不同学科的知识相互交叉和整合时，会激发出创新的火花，这种创新思维在科学研究、工程设计、艺术创作等领域都发挥着关键作用。

3. 适应不断变化的世界

现代社会变化迅速，要求个体不断适应新的情境和挑战。跨学科素养和综合应用使个体更具灵活性，能够适应多变的情况，培养了人们自主学习的能力，让人们能够不断学习和适应新的知识和技能。

4. 解决跨学科问题

许多现实世界问题跨足多个学科领域，例如，生态学问题既涉及生物学又涉及地理学和社会科学。跨学科素养和综合应用能够帮助人们更好地理解和解决这些问题，从而取得更好的结果。

（四）跨学科素养与综合应用的培养

1. 教育改革

教育系统需要进行改革，以培养跨学科素养和综合应用的能力，这包括更新教材、改进教学方法、引入跨学科学习项目、鼓励学生参与跨学科合作等。教育机构需要提供多学科领域的课程，让学生有机会涉足不同学科领域。

2. 跨学科研究机会

研究机构和大学应该提供跨学科研究机会，这些机会可以包括跨学科研究项目、研讨会、学术会议等。研究者应该鼓励跨学科合作，促进不同领域的知识交流和整合。

3. 职业发展

在职业领域，跨学科素养和综合应用也非常重要，公司和组织可以提供培训和发展机会，帮助员工培养跨学科素养，提供综合应用的实践机会。职场培训和继续教育可以加强员工的能力，让他们更好地应对复杂问题。

4. 跨学科团队

跨学科团队在研究和创新领域中起到关键作用，公司和研究机构可以组建跨学科团队，吸引不同学科领域的专家，共同解决问题和推动创新。跨学科团队能够为组织带来新的视角和创新解决方案。

跨学科素养和综合应用的发展在当今社会具有重要意义，它们有助于解决复杂问题，培养创新思维，适应不断变化的世界，解决跨学科问题。教育系统、研究机构和职业领域需要共同努力，培养和推动跨学科素养和综合应用的发展。只有通过全社会的共同努力，才能够更好地应对复杂问题，实现创新和可持续发展。跨学科素养和综合应用将继续在未来的教育和职业领域发挥着重要作用。

第三节 大学生法治素养评价指标

一、大学生法治素养评价指标的设计原则

大学生法治素养评价是高等教育的重要组成部分，它有助于衡量大学生在法治理念、法律知识、法治实践等方面的水平。为了确保评价的公平、准确和有效，需要明确定义评价指标，并遵循一系列设计原则。以下内容将探讨大学生法治素养评价指标的设计原则，以确保评价体系的科学性和可操作性。

（一）大学生法治素养评价的背景

1. 法治素养的概念

法治素养是指个体在法治观念、法律知识、法治伦理、法治实践等方面的综合素养，它包括了对法治原则的理解，对法律体系的熟悉，以及在法治实践中的表现。大学生法治素养的培养是高等教育的重要任务之一。

2. 大学生法治素养评价的必要性

评价大学生法治素养的水平对于高等教育机构和社会来说都是必要的，它有助于检验教育质量，确保毕业生具备法治素养，以便更好地参与社会和职业生活。评价还可以为教育机构提供改进教育方案的反馈信息。

（二）大学生法治素养评价指标的设计原则

设计大学生法治素养评价指标时，需要考虑以下原则，以确保评价的科学性和可操作性。

1. 明确性和明晰性

评价指标必须具有明确性和明晰性，以确保评价者和被评价者都能清晰

理解和遵循。指标的表述应尽可能精准和具体，避免模糊或有歧义的词语。评价指标应当明确阐述评价的目标，包括法治观念、法律知识、法治伦理、法治实践等方面的要求。

2. 综合性和全面性

评价指标应当综合考虑大学生法治素养的各个方面，它们应该覆盖法治观念、法律知识、法治伦理和法治实践等多个维度。评价指标的设计应当全面，不仅关注单一维度，而是综合考虑所有方面。

3. 可测量性和客观性

评价指标必须具备可测量性和客观性，这意味着评价者可以通过具体的测量方法来判断被评价者是否达到了指标要求。测量方法应当客观，不依赖主观判断或个体主观意见。可测量性和客观性有助于评价的公平性和准确性。

4. 可比性和可复制性

评价指标应当具有可比性和可复制性，以便进行跨校、跨年级、跨领域的比较和复制，这要求指标的设计具有通用性，不受具体背景和环境的影响。评价体系应当能够适应不同高等教育机构和不同情境。

5. 动态性和适应性

评价指标应当具备动态性和适应性，以反映法治素养的发展和变化，法律体系和社会环境都在不断变化，评价体系应当能够适应这些变化。评价指标的设计应当包括周期性的更新和调整机制，以确保评价体系的时效性。

6. 参与性和反馈性

评价指标的设计应当考虑参与性和反馈性，被评价者应当参与评价体系的设计和实施，以确保评价的公平性和可接受性。同时，评价体系应当提供反馈信息，帮助被评价者了解自己的不足之处，以便改进和发展。

（三）大学生法治素养评价指标的实际设计

设计大学生法治素养评价指标时，可以考虑以下具体内容。

1. 法治观念评价

① 了解法治的基本概念和原则。

② 能够分辨法治与专制、无政府状态的区别。

③ 对法治的重要性和意义有清晰的认识。

④ 能够理解和接受法律约束。

2. 法律知识评价

① 具备基本的法律知识，包括《宪法》《刑法》《民法典》等。

② 熟悉法律体系的组成和层级。

③ 能够理解法律文件和法律文本。

④ 熟知国家法律法规和国际法。

3. 法治伦理评价

① 了解法治伦理和道德在社会中的作用。

② 能够分辨合法和道德的区别。

③ 对于法律伦理和社会责任有一定的认识。

④ 能够运用法律伦理原则来解决道德问题。

4. 法治实践评价

① 在日常生活中遵守法律法规。

② 参与社会活动和公共事务，维护法治。

③ 能够运用法律知识和法治观念来解决实际问题。

④ 在法治教育和法律援助方面作出贡献。

这些指标涵盖了法治素养的多个方面，包括知识、意识、伦理和实践。它们符合明确性、综合性、可测量性、客观性、可比性、可复制性、动态性、适应性、参与性和反馈性等评价原则。评价体系可以采用问卷调查、考试、案例分析、项目报告等多种方法来衡量大学生的法治素养水平。

（四）评价指标的应用与挑战

大学生法治素养评价指标的应用应当有一定的操作性。评价体系应当能够为教育机构提供有关教育质量和学生表现的信息。同时，评价结果也可以为学生提供反馈，帮助他们更好地培养法治素养。

然而，评价体系的设计和应用也面临一些挑战。首先，评价指标的制定需要耗费大量的时间和资源。其次，评价体系的公平性和可接受性需要得到广泛认可。最后，评价结果的使用也需要考虑，包括用于教育改进、学生激励、教师聘用、学校排名等方面。

大学生法治素养评价指标的设计需要遵循一系列原则来确保评价体系的科学性和可操作性。同时，评价指标的应用也需要充分考虑评价结果的用途和挑战。通过科学设计和合理应用，大学生法治素养评价可以为高等教育质量和学生发展做出重要贡献。

二、大学生法治素养量化评价方法的应用

制定大学生的法治素养评价方法，不仅是提高教育质量的迫切需求，也是对法治社会的建设和维护法治秩序的一项重要工作。以下将探讨大学生法治素养量化评价方法的应用，以期提高大学生的法治素养水平。

（一）大学生法治素养的内涵

1. 法治观念

法治观念是指个体对法律的认同、尊重和遵守程度，大学生应该具备尊重法律、遵守法律的观念，了解法律的普遍性和约束力。

2. 法律知识

法律知识是大学生必备的法治素养要素，包括《宪法》及其他法律法规

等基本法律知识。

3. 法治思维

法治思维是指个体具备运用法治观念和法律知识来分析和解决问题的思维方式，包括法治逻辑和法治方法。

4. 法治实践

法治实践是指个体在日常生活和社会活动中运用法治观念和法律知识，积极参与法治建设和维护法治秩序的行为。

（二）大学生法治素养量化评价方法

1. 知识测试

知识测试是一种常见的法治素养评价方法，可以通过考试、测验等形式来考察大学生对法律知识的掌握程度。测试内容应包括《宪法》及其他法律法规等基本法律知识，测试形式可以采用选择题、填空题、案例分析等。

2. 法治观念调查

法治观念调查是一种定性和定量相结合的评价方法，通过问卷调查、访谈等方式来了解大学生的法治观念，包括对法律的认同程度、对法治的理解等。可以采用李克特量表等工具来量化调查结果。

3. 法治案例分析

法治案例分析是一种评价大学生法治素养的实际操作方法，通过分析真实或模拟的法治案例，考察大学生的法治思维和分析能力，可以采用小组讨论、写作等方式来进行案例分析。

4. 法治实践考察

法治实践考察是一种评价大学生法治素养的实际行动方法，通过观察大学生在社会活动、志愿活动等方面的法治参与情况，了解他们在实际生活中的法治实践能力。可以采用实地考察、志愿活动记录等方式进行评价。

5. 法治素养综合评价

综合评价是综合考虑上述多种评价方法，得出综合评价结果，可以采用加权平均法或主观评价法来综合评价大学生的法治素养。加权平均法可以根据不同方法的重要性和权重来计算得分，主观评价法则是由专家评审或教师评价来综合考察。

（三）大学生法治素养量化评价方法的应用

1. 课堂教学

大学课堂是培养法治素养的重要场所，教师可以结合上述评价方法，在课堂中引入法治观念调查、法治案例分析和知识测试等元素，以提高学生的法治素养水平。此外，可以利用课堂讨论和小组活动来促进学生的法治思维和实践。

2. 课外活动

课外活动是培养大学生法治素养的另一个重要途径，学校可以开展法治知识竞赛、模拟法庭等活动，鼓励学生参与社会实践和志愿活动，以提高他们的法治实践能力，这些活动可以作为法治素养评价的一部分，通过考查学生在活动中的表现来评价其法治素养。

3. 课程设计

学校可以通过课程设计来推动法治素养的提升，设计包括法治案例分析和实践考察等元素的课程，让学生在课程中积极参与，提高他们的法治素养。此外，学校还可以引入综合评价方法，对学生的法治素养进行全面评价。

4. 辅导与指导

学校可以为学生提供法治素养的辅导和指导服务，通过定期的法治观念调查、知识测试和案例分析，帮助学生发现自身的不足之处，提供个性化的辅导建议。此外，学校还可以组织法治素养培训和讲座，邀请法律专家和从业者分享实际经验和案例，以帮助学生更好地理解法治的实际应用和重要性。

5. 研究和评估

学校可以进行研究和评估，以不断改进法治素养的量化评价方法，通过收集数据和反馈信息，了解学生在不同评价方法下的表现，提出改进建议，这有助于精细化法治素养的培养和评价。

6. 跨学科合作

为了更全面地培养大学生的法治素养，学校可以推动跨学科合作。法学院、社会科学院、心理学系等不同学科可以合作开展法治教育项目，提供多元化的法治素养培养途径，这有助于学生更全面地理解法治，培养综合素养。

7. 社会参与和互动

法治素养的培养不仅发生在校园内，还需要社会的积极参与和互动。学校可以积极与地方政府、法院、法律援助机构等建立合作关系，为学生提供更多参与法治实践的机会，这种社会互动可以让学生更深入地了解法治的现实应用，促进法治素养的提升。

大学生法治素养的培养和评价是一项复杂而重要的工作，需要多种方法的综合运用。从法治观念、法律知识、法治思维到法治实践，都需要全面的评价方式来确保大学生在法治方面得到充分的培养。通过参与课堂、课外活动、课程设计、辅导与指导、研究与评估、跨学科合作、社会参与和互动等方面的活动，大学生的法治素养水平可以得到有效提高，为培养更具有法治意识的社会作出贡献。

最终，大学生法治素养的量化评价方法的应用应当与教育目标相一致，关注学生的综合素质和实际能力的培养，而不仅是应试和考试的结果。通过不断改进评价方法，可以更好地推动大学生法治素养的提高，为建设法治社会和培养更多法治意识的公民作出贡献。

三、大学生法治素养综合评估工具的构建

法治素养是大学生综合素质教育的重要组成部分，具备良好的法治素养对个体和社会都具有重要意义。然而，要全面评估大学生的法治素养，需要构建有效的评估工具，以便量化评价。以下将探讨如何构建一套综合的大学生法治素养评估工具，以满足教育和社会的需求。

（一）大学生法治素养的综合评估内容

在构建法治素养综合评估工具之前，首先需要明确评估的内容，大学生法治素养的内容包括法治观念、法律知识、法治思维、法治实践等方面。

1. 法治观念

评估学生对法治的认同程度、法治观念的形成和价值观念的培养。

2. 法律知识

评估学生对《宪法》及其他法律法规等法律知识的掌握程度。

3. 法治思维

评估学生是否具备法治思维，包括法治逻辑、法治分析和问题解决的能力。

4. 法治实践

评估学生在日常生活和社会活动中是否积极参与法治建设和维护法治秩序。

（二）构建大学生法治素养综合评估工具的步骤

构建有效的综合评估工具需要经过以下步骤。

1. 明确目标

首先，明确评估的目标和目的。确定评估的具体内容，包括法治观念、法律知识、法治思维和法治实践，明确评估的层次，是否是整体素养的评估，还是分别对各个方面的评估。

2. 选择评估方法

选择合适的评估方法。不同方面的法治素养可以采用不同的评估方法，如问卷调查、知识测试、案例分析、实地考察等，根据评估的目标和内容，选择最适合的方法。

3. 设计工具

设计评估工具，包括问卷、测试题、案例材料等。工具的设计应当与评估方法相匹配，保证评估的准确性和有效性，工具应当涵盖各个方面的法治素养内容，具有较好的可信度和效度。

4. 制定评估标准

制定评估标准，明确评估的标准和等级划分。评估标准应当与大学生法治素养的综合性质相适应，可以根据不同层次的法治素养制定相应的标准。

5. 规划评估流程

制定评估的流程和时间表，包括评估的时间点、评估的人员和流程的具体步骤，确保评估的顺利进行。

6. 收集和分析数据

进行数据收集，根据评估工具收集学生的相关数据。之后，进行数据分析，根据评估标准对学生的法治素养进行评价。

7. 结果反馈和改进

将评估结果反馈给学生，让他们了解自己的法治素养水平。同时，根据评估结果，制定改进措施，优化法治素养培养方案。

（三）大学生法治素养综合评估工具的具体构建

根据上述步骤，可以构建一套综合的大学生法治素养评估工具，以下是一个示例。

1. 法治观念评估

① 问卷调查：学生通过填写问卷，回答与法治观念相关的问题，如对

法治的认同程度、对法治的理解等，使用李克特量表来量化评估结果。

② 口头访谈：通过访谈方式，了解学生对法治观念的深度理解和思考程度。

2. 法律知识评估

① 知识测试：学生参加知识测试，包括《宪法》及其他法律法规等方面的考试，测试形式可以包括选择题、填空题和简答题等。

② 开放式问题：要求学生撰写关于特定法律问题的文章，以考察法律知识和分析能力。

3. 法治思维评估

① 案例分析：学生参与案例分析活动，分析和解决与法治相关的案例，考察法治思维和问题解决能力。

② 论文写作：学生撰写关于法治理论或实践的学术论文，以考察法治思维和分析能力。

4. 法治实践评估

① 实地考察：学生参与实地考察活动，通过现场实践，了解实际法治存在的问题和挑战。

② 志愿活动记录：学生参与志愿活动，记录自己在活动中的法治实践经验，包括问题解决、协作、参与程度等。

这些评估方法可以综合评价大学生的法治素养，覆盖了法治观念、法律知识、法治思维、法治实践等多个方面。通过综合使用这些方法，可以全面了解学生的法治素养水平，发现不足之处，并为进一步培养和提高法治素养提供有力的依据。

（四）法治素养综合评估工具的应用

使用构建好的法治素养综合评估工具可以在以下多个领域进行应用。

1. 教育改进

学校可以通过定期的法治素养评估，了解学生的法治素养水平，及时发现问题和不足，调整教育和培训方案，以提高教育质量。

2. 学生指导

学校可以将评估结果反馈给学生，帮助他们了解自己的法治素养状况，并提供个性化的指导和建议，以促进他们的发展和成长。

3. 教学改进

教师可以根据评估结果，调整教学方法和内容，以更好地满足学生的需求，提高法治素养的培养效果。

4. 质量监测

学校和教育部门可以利用法治素养综合评估工具来监测教育质量和教育政策的实施效果，以及法治素养的整体提升情况。

5. 研究和评估

研究人员可以使用法治素养综合评估工具来开展研究，了解大学生法治素养培养的现状和发展趋势，为法治教育和社会政策提供依据。

构建大学生法治素养综合评估工具是为了更全面、更准确地评估大学生的法治素养，为其培养和提高法治素养提供科学依据。通过明确评估的内容、选择合适的评估方法、设计合理的工具、制定评估标准、规划评估流程、进行数据收集和分析，以及反馈和改进等步骤，可以构建一套科学有效的评估工具，为大学生法治素养的提升和社会法治建设作出贡献。评估工具的应用范围广泛，不仅可用于学校内部的教育和培训，还可以用于社会各领域的法治教育和法治推广。

第三章 依法治国背景下的大学生法治素养培育体系

第一节 依法治国政策与大学生法治素养培育体系

一、依法治国政策的内涵与发展方向

依法治国是实现国家治理体系和治理能力现代化的核心要求之一。自改革开放以来，中国在法治建设方面取得了显著进展，不断推动依法治国政策的实施和发展。以下将探讨依法治国政策的内涵及未来发展方向，以加深对中国法治建设的理解和展望。

（一）依法治国政策的内涵

1. 法治政府

依法治国的首要内涵是建设法治政府。法治政府要求政府及其工作人员在政策制定、执法、行政管理等各个领域都必须依法行事，维护公平正义，保护公民的合法权益，确保政府权力受到法律的约束和监督。

2. 法治社会

依法治国政策强调建设法治社会，即一个以法律为基础、法治精神根植于社会文化的社会，这要求建立健全的法律体系、加强法治宣传教育，培养

社会公民的法治意识和法治素养，以及提升全社会对法治的参与度。

3. 法治国家

依法治国政策要求整个国家的运行和发展都应当依法进行。国家权力的行使、政治体制的建设、经济社会管理等各个领域都必须依法依规，以维护国家的稳定和秩序，实现国家的长期繁荣和发展。

4. 法治文化

依法治国政策倡导培养法治文化，即推崇法治精神和法治价值观的文化，这包括尊重法律、尊重权威、尊重契约、尊重公平正义等法治原则，鼓励社会各界积极参与法治建设，推动法治文化的深入发展。

5. 法治监督

依法治国政策要求建立法治监督机制，包括司法监督、行政监督、社会监督等多层次的监督机制，以保障法律的有效实施和公民权益的维护，这也包括强化司法独立，确保司法公正和公平。

6. 法治教育

依法治国政策重视法治教育，包括在学校、社会和职业领域开展法治教育，通过普及法律知识、强化法治思维和培养法治素养，可以提高全社会的法治水平。

7. 法治体系

依法治国政策强调建设健全的法治体系，包括法律体系、法规体系、法律职业体系等，这要求各级政府和各类机构建立完善的法律政策制定和执行机制，确保法律体系的科学性和有效性。

8. 国际法治

依法治国政策还包括积极参与国际法治事务，遵守国际法和国际规则，维护国际和平与安全，保护国际公平和正义，以及维护国际社会的和谐与稳定。

（二）依法治国政策的发展方向

1. 深化依法治国

中国将继续深化依法治国政策，进一步加强法治建设，促进全社会的法治水平提升，这将包括完善法律体系、强化法治教育、推动法治文化建设、深化法治监督等多个方面。

2. 推动法治政府建设

中国将继续推动法治政府建设，加强政府权力的合法性和监督，保护公民权益，提高政府的服务质量和效率，这还包括推动政府决策的透明和公开，鼓励公众参与政府决策过程。

3. 建设法治社会

中国将加强法治社会建设，提升社会公民的法治素养，推动社会公平正义，这包括加强社会组织的法治建设，保护公民的合法权益，促进社会的和谐与稳定。

4. 深化法治改革

中国将持续深化法治改革，推动司法体制和法律体系的改革，提升法治体系的科学性和有效性，这还包括推动行政体制改革，提高政府治理效能。

5. 提高国际法治地位

中国将积极参与国际法治事务，遵守国际法和国际规则，发挥国际法治事务的积极作用，维护国际和平与安全，这还包括积极参与国际合作，维护国际公平和正义，加强国际法治体系的建设。

6. 保护人权和法治人权

中国将加强人权保护和法治人权建设，推动人权事业与法治建设相辅相成，这将包括强化司法公正、促进公民权利和自由的保护，以及维护国内外人权事业的协调发展。

7. 加强法治国际交流与合作

中国将积极开展法治国际交流与合作，借鉴国际经验，推动国际法治事务的发展，这将包括加强与国际组织、国际社会的合作，共同应对国际法治问题。

8. 培养法治人才

中国将加强法治人才培养，培养具备国际视野的法治专业人才，这将包括加强法学教育、推动法律职业化发展，提高法治人才的国际竞争力。

9. 推动智能化法治建设

中国将积极推动智能化法治建设，充分利用信息技术，提高法治的智能化水平，这将包括建设智能化法律服务系统、智能化执法系统，以提高法治的效率和便捷性。

10. 推动公众参与

中国将鼓励公众积极参与法治建设，增强公众的法治意识，提高公众的法治素养，这将包括加强公众法治教育、推动社会组织参与法治监督，以及鼓励公众对法治问题提出建议和意见。

依法治国政策的内涵涵盖了法治政府、法治社会、法治国家、法治文化、法治监督、法治教育、法治体系、国际法治等多个方面。未来，中国将继续深化依法治国政策，加强法治建设，提升法治水平，维护国家稳定和社会公平正义，促进国际和谐与发展。中国将加强法治政府建设，建设法治社会，深化法治改革，提高国际法治地位，保护人权和法治人权，加强法治国际交流与合作，培养法治人才，推动智能化法治建设，推动公众参与法治建设。这些努力将有助于中国实现国家治理体系和治理能力现代化，为构建更加公正、和谐、法治的社会作出贡献。

二、人学生法治素养培育体系与国家政策的契合

随着社会的不断发展和法治意识的日益增强，大学生法治素养的培育变

得至关重要。法治素养不仅关系到大学生个体的成长，也是建设法治国家的基础。以下内容将探讨大学生法治素养培育体系与国家政策的契合，分析国家政策对大学生法治素养培育的指导作用。

（一）大学生法治素养培育体系

1. 法治观念的培养

大学生法治素养培育的第一步是培养法治观念，这包括帮助学生理解法治的重要性，认同法治的理念，以法治为指导思想行动。为了培养法治观念，大学可以开设法治教育课程、举办法治讲座、组织法治教育活动，引导学生深刻认识到法律对于社会稳定和公平正义的作用。

2. 法律知识的传授

法治素养的培育需要具备坚实的法律知识基础，大学应当提供全面的法律课程，学生需要了解国家法律体系，理解法律的体系和层次，掌握基本法律常识。

3. 法治思维的培养

培养法治思维是大学生法治素养培育的重要环节，法治思维包括法治逻辑、法治分析、问题解决的能力。大学可以通过案例分析、辩论、论文写作等教学方法，激发学生的法治思维，培养他们具备法治思维的能力。

4. 法治实践的推动

培养大学生的法治素养不仅停留在理论层面，还需要注重实践。大学可以组织模拟法庭、法律援助活动、社区服务等实践项目，让学生亲身体验法治的实际应用。通过实践，学生可以将理论知识转化为实际操作能力。

5. 跨学科合作

法治素养的培育需要跨学科的合作，法学院、社会科学院、心理学系等不同学科可以合作开展法治教育项目，提供多元化的法治素养培育途径，这有助于学生更全面地理解法治，培养综合素养。

6. 社会参与和互动

法治素养的培育不仅发生在校园内，还需要社会的积极参与和互动，学校可以积极与地方政府、法院、法律援助机构等建立合作关系，为学生提供更多参与法治实践的机会，这种社会互动可以让学生更深入地了解法治的现实应用，促进学生法治素养的提升。

7. 研究和评估

大学应当进行研究和评估，以不断改进法治素养的培育体系，通过收集数据和反馈信息，了解学生在不同培育环节的表现，识别问题并提出改进建议，这有助于精细化法治素养的培育和评估。

（二）国家政策对大学生法治素养培育的指导作用

中国政府一直高度重视大学生法治素养的培育，制定了一系列政策文件和法规，为大学生法治教育提供了指导和支持。

中国政府颁布了一系列法律法规，明确了法治教育的重要性，具体如下。

2010 年中国政府发布了《国家中长期教育改革和发展规划纲要（2010—2020 年）》（以下简称《纲要》），明确提出了推进依法治教。《纲要》提出要完善教育法律体系、全面推进依法行政、大力推进依法治校、完善监督制度和监督问责机制。

2020 年，教育部发布了《教育部关于进一步加强高等学校法治工作的意见》，明确了法治教育的重要性和任务，该文件要求进一步加强高等学校法治工作，全面推进依法治教、依法办学、依法治校。

中国政府还投入了大量资源用于法治教育，包括编写法治教材、建设法治教育基地、开展法治教育研究等，这些资源的投入为大学生法治素养的培育提供了有力支持。

国家政策对大学生法治素养培育的指导作用在于明确了法治教育的重要性，提出了具体要求和措施，为高校提供了政策支持和资源保障。国家政策不仅提供了法治教育的法律依据，也推动了法治教育的深入发展。

（三）大学生法治素养培育体系与国家政策的契合

大学生法治素养培育体系与国家政策之间存在紧密的契合关系，具体表现在以下几个方面。

1. 目标一致

大学生法治素养培育体系的目标是培养具备法治观念、法律知识、法治思维和法治实践能力的大学生。这一目标与国家政策中提出的培育公民法治意识和法治素养的要求一致。因此，大学生法治素养培育体系与国家政策在培养目标上保持一致。

2. 措施契合

国家政策中提出了一系列具体措施，如改进法治课程、加强师资队伍建设、推动法治实践教育等。这些措施与大学生法治素养培育体系中的法治观念培养、法律知识传授、法治思维培养和法治实践推动相契合。大学可以根据国家政策的要求，制定相应的措施，加强法治教育工作。

3. 资源支持

国家政策中明确提出了投入资源用于法治教育的要求，为大学提供了资金和资源支持，用于法治教材编写、法治教育基地建设、法治教育研究等方面，这些资源支持有助于大学提升法治教育的质量和水平。

4. 督导和评估

国家政策中强调了对法治教育的督导和评估，大学生法治素养培育体系也需要进行研究和评估，了解学生的法治素养水平，识别问题和改进方向。国家政策的督导和评估要求与大学生法治素养培育的自我评估和改进相契合，有助于提升培育效果。

5. 社会合作

国家政策中鼓励大学与地方政府、社会组织、法院等建立合作关系，为学生提供参与法治实践机会，这与大学生法治素养培育体系中强调社会参与和互动相契合。社会合作可以为学生提供更丰富的法治实践经验。

综上所述，大学生法治素养培育体系与国家政策的契合非常明显。国家政策为大学生法治教育提供了明确的指导和支持，为培育具备法治素养的大学生提供了法律依据、政策支持和资源保障。因此，大学需要积极响应国家政策，加强法治教育工作，培育更多具备法治素养的优秀公民，为国家的法治建设和社会的和谐发展作出贡献。

三、大学生法治素养培育体系在国家发展中的角色

随着国家的不断壮大和现代化建设的不断推进，法治素养逐渐成为一个国家和社会发展不可或缺的因素。大学生法治素养培育体系作为法治教育的核心组成，扮演着关键角色。以下将探讨大学生法治素养培育体系在国家发展中的角色，包括其意义、作用及对国家发展的积极贡献。

（一）大学生法治素养培育体系的意义

1. 法治素养的培育是国家法治建设的重要一环

国家法治建设是中国国家现代化建设的必然要求，也是社会稳定和公平正义的基础，而法治素养的培育是法治建设的核心内容之一，它不仅关系到国家法治体系的完善，还关系到国家社会的和谐稳定。因此，大学生法治素养培育体系的建设和完善对于国家法治建设至关重要。

2. 大学生是国家未来的中坚力量

大学生是国家的未来，他们将成为国家各个领域的从业者和决策者，培育具备良好法治素养的大学生，有助于确保国家未来的领导层具备法治思维和法治观念。这对于国家的长期发展和治理能力的提升具有积极意义。

3. 法治素养有助于社会公平正义

法治素养的培育有助于培养个体的法律意识和保护个体的法律权益，这

不仅促进了社会的公平正义，还减少了不法行为和社会冲突的发生。法治素养的提升有助于建设更加和谐稳定的社会。

4. 法治素养是国际社会交往的基础

随着全球化的深入发展，国际社会交往变得更加频繁，法治素养成为国际互动的基础。具备法治素养的大学生更容易适应国际社会的要求，与国际伙伴开展合作和交流，有助于国家在国际舞台上更加自信，具有更强的竞争力。

（二）大学生法治素养培育体系的作用

1. 促进法治观念的树立

大学生法治素养培育体系有助于培养学生正确的法治观念，通过法治教育课程、法治讲座、案例分析等多种教育方式，学生能够深入了解法治的重要性，认识到法治对于国家和社会的作用，形成积极的法治观念。

2. 提升法律知识和法治素养

大学生法治素养培育体系可以帮助学生掌握基本的法律知识，了解国家法律体系，掌握法治的基本原则。此外，通过培养法治思维和法治实践能力，学生能够更好地应用法律知识解决实际问题，提高法治素养。

3. 培养法治思维和判断能力

大学生法治素养培育体系通过案例分析、辩论、论文写作等教学方法，激发学生的法治思维，培养他们具备法治思维的能力，使他们能够理性分析问题，依法解决争议。

4. 促进法治实践

大学生法治素养培育体系注重法治实践的推动，通过实践，学生可以将理论知识转化为实际操作能力，提高法治实践素养。

5. 培养综合素养

法治素养的培育需要培养综合素养，包括知识素养、思维素养、实践素养等多个方面，大学生法治素养培育体系通过跨学科合作、社会参与和互动等多元化的培育途径，培养学生综合素养，使他们更全面地了解法治。

6. 提高国际竞争力

随着国际社会的交往和合作，具备法治素养的大学生更容易适应国际社会的要求，提高国际竞争力。法治素养不仅有助于开展国际事务，还有助于促进公民遵守国际规则和法律，维护国际合作和国际和平。大学生法治素养培育体系培养了具备国际视野的学生，有助于国家在国际舞台上发挥更加积极的作用，加强国际交流与合作。

7. 提升国家治理水平

大学生法治素养培育体系培养了具有较高的法治素养、坚定的法治观念的大学生，他们未来将成为国家各个领域的从业者和决策者，这些学生具备法治思维和法治意识，将有助于提升国家的治理水平。他们能够依法依规进行决策和管理，维护国家的法治秩序，推动国家的现代化建设。

（三）大学生法治素养培育体系对国家发展的积极贡献

1. 保障国家法治建设

大学生法治素养培育体系培养了一批具备法治观念和法治素养的优秀学生，这些学生将成为国家法治建设的中坚力量，有助于国家法治体系的建设和完善。他们将在各级政府、法院、检察院等机构中工作，保障国家法治建设的顺利进行。

2. 提升国家治理水平

具备法治思维和法治观念的大学生将成为国家治理的积极参与者，他们能够依法依规进行决策和管理，提高国家的治理水平，增强国家的决策科学性和有效性。大学生法治素养培育体系为国家治理体系和治理能力的现代化提供了有力支持。

3. 促进社会公平正义

法治素养高的大学生将成为社会的公平正义的维护者，他们能够更好地维护个体的法律权益，减少社会不公平现象的发生。大学生参与法律援助、社区服务等活动，有助于建设更加和谐稳定的社会。

4. 提高国际竞争力

大学生法治素养培育体系培养了具备国际视野的学生，这些学生将成为国际社会的积极参与者，与国际伙伴开展合作和交流，有助于提高国家的国际竞争力，加强国际事务的开展，维护国际和平与安全。

5. 推动法治文化建设

大学生法治素养培育体系培养了大批法治意识强的学生，他们将成为法治文化的传播者和倡导者，推动社会法治文化的建设。通过法治宣传、法治教育等活动，有助于培养社会公民的法治意识和法治素养。

6. 加强社会参与

具备法治素养的大学生更容易参与社会事务和公共事务，他们能够更好地参与社会组织、社会服务、社会监督等活动，为社会的发展和进步贡献力量，他们的积极参与有助于社会的和谐与稳定。

大学生法治素养培育体系在国家发展中扮演着关键角色，它不仅有助于培养法治素养高的大学生，提高国家的法治观念和法治素养，还有助于保障国家法治建设、提升国家治理水平、促进社会公平正义、提高国际竞争力、推动法治文化建设和加强社会参与。大学生法治素养培育体系的建设和完善对于国家的长远发展具有积极意义。

第二节 大学生法治课程体系建设

一、大学生法治课程的多样化与完善

法治教育作为大学教育的重要组成部分，对培养具备法治观念、法律知识和法治实践能力的大学生至关重要，随着社会的不断发展和法治意识的逐渐增强,大学生法治课程的多样化和完善变得尤为重要。以下将探讨大学生法治课程的多样化与完善,包括其重要性、实施方式和效果。

(一)大学生法治课程的多样化与完善的重要性

1. 法治素养的培养是大学教育的重要使命

大学教育的使命之一是培养具备法治素养的公民,法治素养包括法治观念、法律知识、法治思维和法治实践能力。多样化和完善的法治课程可以帮助学生全面掌握这些要素,从而更好地履行自己的法律责任,为社会的法治建设作出贡献。

2. 法治素养是终身学习的基础

法治素养的培育不仅发生在大学阶段,它是终身学习的基础。多样化的法治课程可以培养学生具备终身学习的习惯和能力,使他们能够在不同阶段不断更新法律知识和法治观念,适应社会和法律的变化。

3. 法治素养对个体和社会有积极影响

具备法治素养的个体更容易维护自己的法律权益,遵守法律规定,减少不法行为的发生,这有助于维护社会的公平正义,减少社会冲突和法律纠纷。多样化和完善的法治课程有助于提高社会的法治文明水平。

4. 法治素养对国家发展有积极贡献

法治素养高的人才对国家发展至关重要,他们能够更好地参与国家建设和治理,提高国家的治理水平和决策科学性,多样化和完善的法治课程有助于培养这些优秀人才,为国家的长远发展提供有力支持。

(二)实施多样化的法治课程

为了多样化和完善大学生法治课程,可以采取以下措施。

1. 开设多元化的法治课程

大学应该开设多元化的法治课程,包括基础法律课程、专业法律课程、跨学科法治课程等。基础法律课程可以帮助学生掌握法律知识，专业法律课程可以满足不同专业的需求，跨学科法治课程可以促进不同学科之间的交叉学习。这样，学生可以根据自己的兴趣和需求选择合适的课程，培养全面的法治素养。

2. 引入案例分析和模拟法庭教学

案例分析和模拟法庭教学是培养法治思维和法治实践能力的有效方式。通过分析真实案例，学生可以理解法律的具体应用，培养法治思维，模拟法庭教学可以让学生亲身体验法律实践，学习技能，这些教学方法可以使法治课程更加生动有趣，激发学生的学习兴趣。

3. 促进跨学科合作

法治课程的多样化需要跨学科合作，不同学科之间可以合作开展法治课程，如法学院、社会科学院、心理学系等，可以合作开设法治课程，提供多元化的法治教育。跨学科合作有助于学生更全面地理解法治，培养学生的综合素养。

4. 引入现代教育技术

现代教育技术如在线课程、虚拟实验室、远程教育等可以丰富法治课程的形式。学生可以通过在线课程随时随地学习，虚拟实验室可以模拟法律实践场景，远程教育可以为不同地区的学生提供接受法治教育机会。这些技术可以提高法治课程的灵活性和可访问性。

5. 增加法治课程的实践元素

法治课程不仅应该注重理论教育，还应该增加实践元素，学校可以组织模拟法庭、法律援助活动、社区服务等实践项目，让学生亲身体验法治的实际应用。通过实践，学生可以将理论知识转化为实际操作能力，提高法治实践素养。

（三）多样化法治课程的效果

1. 提高法治素养水平

多样化的法治课程可以帮助学生全面提高法治素养水平，不同类型的课程可以满足不同学生的需求和兴趣，使他们更全面地了解法治观念、法律知识，具备法治实践能力。学生通过多元化的学习方式，能够更深入地掌握法治素养，为将来的职业和社会生活做好充分准备。

2. 培养法治思维和判断能力

多样化的法治课程通常采用互动式教学方法，如案例分析、模拟法庭、辩论等，这有助于培养学生的法治思维和判断能力。学生通过参与课堂讨论和实际操作，能够更好地理解法律原则和法律应用，养成法治思维，提高判断能力。

3. 促进社会参与和互动

多样化的法治课程通常包括实践元素，如模拟法庭、法律援助、社区服务等活动。这些活动能够促进学生的社会参与和互动，使他们更深入地了解法治的实际应用。

4. 提高学生的学习兴趣和参与度

多样化的法治课程通常更加生动有趣，能够激发学生的学习兴趣和参与度。学生通过案例分析、模拟法庭、实地考察等教学方法，更容易理解和接受法治知识。这有助于提高学生的学习积极性和主动性。

5. 培养学生的终身学习能力

多样化的法治课程有助于培养学生终身学习的习惯和能力，学生通过不同类型的法治课程，能够逐渐培养自主学习的能力，不断更新法律知识和法治观念。这对于他们的终身学习和职业发展具有积极影响。

6. 提高社会的法治文明水平

多样化的法治课程有助于提高社会的法治文明水平，学生通过学习法治课程，不仅可以提高自身的法治素养，还可以在社会中传播法治观念和法治文化。这有助于社会的公平正义，减少不法行为和社会冲突的发生，提高社会的法治水平。

多样化与完善的大学生法治课程有助于学生全面提高法治素养水平，为国家的长远发展和社会的和谐发展作出更大贡献。因此,大学和相关教育机构应积极推动多样化与完善的法治课程的实施,以满足社会对法治教育的需求,为法治建设和社会进步作出积极贡献。

二、大学生跨学科课程的设计与实施

随着社会的不断发展和知识领域的逐渐扩大,大学教育也需要不断适应这一趋势。跨学科课程的设计与实施成为大学教育中的一个关键议题。以下将探讨大学生跨学科课程的设计与实施,包括其背景、意义、设计原则,以及实施过程中的挑战和建议。

(一)大学生跨学科课程的背景与意义

1. 背景

传统的学科划分在一定程度上限制了学生的学科深度和广度。然而,现代社会和职场对于综合能力的需求日益增加,要求大学生具备跨学科的知识和技能。跨学科课程的设计与实施应运而生,以满足这一需求。

2. 意义

跨学科课程的设计与实施有着如下重要的意义。

① 拓宽知识视野:跨学科课程可以帮助学生突破学科壁垒,获得更广泛的知识和信息。

② 培养综合素养:跨学科课程有助于培养学生的综合素养,包括批判性思维、解决问题的能力、创新和创造力等。

③ 适应职场需求:现代职场需要员工具备跨学科的能力,跨学科课程可以提高学生的就业竞争力。

④ 推动学科交叉研究:跨学科课程的设计与实施可以促进学科之间的交叉研究,创新和知识传播。

（二）大学生跨学科课程的设计原则

跨学科课程的设计需要遵循一些基本原则，以确保其有效性和可持续性，具体如下。

1. 明确学习目标

课程设计时应明确学习目标，包括知识、技能和素养，这有助于课程的有针对性和评估。

2. 跨学科整合

跨学科课程应该整合不同学科领域的知识和方法，以促进学科间的互动和交叉。

3. 多元化教学方法

采用多种教学方法，如小组讨论、案例研究、实践项目等，以满足不同学生的学习风格。

4. 实际应用导向

课程内容应与实际应用相关，使学生能够将所学知识应用到现实问题中。

5. 跟踪和评估

设计课程评估体系，以了解学生的学习进展，从而不断改进课程设计。

6. 师资和资源支持

确保有足够的师资和教学资源来支持跨学科课程的开展。

（三）大学生跨学科课程的实施

跨学科课程的实施需要以下步骤。

① 需求分析：确定学生和社会的需求，找出需要开设跨学科课程的领域。

② 课程设计：明确课程目标，制定课程大纲，确定教材和教学方法。

③ 师资培训：培训教师，使其能够有效地教授跨学科课程。

④ 学校招生：根据课程要求进行招生。

⑤ 课程实施：教师按照课程大纲教授课程，引导学生学习和参与跨学科活动。

⑥ 评估和反馈：定期对学生的学习进行评估，并根据反馈结果进行调整和改进。

⑦ 课程推广：宣传课程，吸引更多学生参与跨学科课程。

（四）实施跨学科课程的挑战和建议

实施跨学科课程可能会面临一些挑战，包括以下几个方面。

1. 学科壁垒

跨学科教育需要克服学科壁垒，使不同学科的教师和学生能够有效合作。建议通过学科间的合作项目和研究来促进交流。

2. 师资问题

教师需要具备跨学科教育的知识和能力，建议提供师资培训和支持，鼓励教师跨学科合作。

3. 课程整合

跨学科课程的整合可能会存在一些困难，包括课程内容的安排和学分转换。建议建立跨学科课程设计团队，确保课程的顺利整合。

4. 学生参与

学生可能需要时间来适应跨学科课程的学习方式，特别是在实践项目方面。提供支持和指导，鼓励学生积极参与跨学科活动。

5. 资源限制

跨学科课程可能需要更多的资源，包括师资、教材和教学设施。建议寻求校内外资源的支持，争取经费和合作机会。

6. 评估问题

跨学科课程的评估可能比传统课程更具挑战性，因为它涵盖了多个学科领域。建议采用多种评估方法，包括项目评估、小组作业、口头展示等，以全面评价学生的学习。

7. 学生多样性

学生的背景和学科知识可能各不相同，需要根据学生的需求和水平进行课程设计和教学。建议灵活调整课程内容，提供不同难度和深度的学习材料。

8. 课程可持续性

学校需要长期关注跨学科课程的可持续性。建议建立课程评估机制，定期更新课程内容和教学方法，以适应社会和学科发展的变化。

跨学科课程的设计与实施将有助于培养更全面的大学生，提高他们的综合素质，为未来的职业和社会生活做好充分准备。因此，大学和相关教育机构应积极推动跨学科课程的设计与实施，以满足社会对多方面能力的需求，为教育领域的创新和发展作出贡献。

三、大学生法治课程的教材与资源建设

法治教育在大学课程中占据着重要地位，旨在培养学生的法治观念、法律知识和法治实践能力。为了实现有效的法治教育，合适的教材和资源建设是至关重要的。以下将探讨大学生法治课程的教材与资源建设，包括其重要性、教材选择、资源开发和未来发展趋势。

（一）大学生法治课程的教材与资源建设的重要性

1. 促进法治素养的全面培养

合适的教材和资源有助于学生全面掌握法治观念、法律知识和法治实践能力，提高其法治素养水平。

2. 提高教学质量

高质量的教材和资源能够提高法治课程的教学质量，激发学生的学习兴趣，促进有效的教学。

3. 适应社会需求

合适的教材和资源使法治课程能够更好地适应社会的法治需求，培养出符合社会要求的法治人才。

4. 支持终身学习

合适的教材和资源不仅满足了大学生的法治教育需求，还为终身学习提供了基础。

（二）大学生法治课程的教材选择

1. 基础法律教材

基础法律课程的教材包括《宪法》、《刑法》、《民法典》等，这些教材为学生提供了法律基础知识。

2. 专业法律教材

根据学生的专业领域，提供相关的专业法律教材，以满足不同专业的需求。

3. 案例教材

案例教材是法治课程中的重要组成部分，通过对真实案例的分析，帮助学生理解法律的实际应用。

4. 跨学科教材

跨学科教材将法治与其他学科结合，帮助学生理解法律与社会、政治、经济等领域的关系。

5. 互动教材

互动教材包括多媒体教材、在线课程、虚拟实验室等，以提供互动学习的机会，激发学生的学习兴趣。

（三）大学生法治课程的资源建设

1. 图书馆资源

图书馆应当收藏大量法律相关的书籍、期刊和电子文献，以供学生学习和研究之用。

2. 数字化资源

数字化资源包括提供在线法律数据库、电子书籍和学术期刊，以便学生和教师随时随地获取法律信息。

3. 教学设施

为法治课程提供适当的教室和设备，包括多媒体教室、法庭模拟室、法律实验室等。

4. 法律案例库

建立法律案例库，以供学生分析和讨论真实案例，促进实践性学习。

5. 在线教育平台

开发在线教育平台，为学生提供在线法治课程，方便远程学习和终身学习。

6. 专业师资

招聘和培训具有法律教育经验的教师，确保提供高质量的法治课程。

（四）大学生法治课程教材与资源建设的挑战与应对措施

1. 不断更新教材

法律是一个不断发展的领域，教材需要定期更新以反映最新的法律发展，学校应鼓励教师编写新的教材，或采用最新的教材。

2. 师资培训

教师需要不断提高自己的法律知识和教育能力，学校可以提供师资培训，以确保教师具备足够的教育水平。

3. 资源分配

教材和资源的建设需要足够的资金和支持，学校应该积极争取经费和资源，以确保教育质量。

4. 多样化资源

学生和教师需要不同类型的教材和资源，以满足不同的学习需求，学校应为学生提供多样化的资源选择，以适应多样化的学习风格。

5. 法治文化建设

教材和资源的建设应与法治文化的传播和建设相结合，促进学生的法治观念培养。

（五）未来发展趋势

1. 个性化学习

未来的法治课程将更加注重个性化学习，根据学生的兴趣、水平和需求，提供定制的教材和资源。通过智能化技术，学校可以更好地满足学生的个性化学习需求。

2. 跨学科整合

未来的法治课程将更加强调跨学科整合，促进法治教育与其他学科领域融合，以培养更全面的综合素养。

3. 在线教育

随着科技的不断发展，在线教育将在法治教育中发挥更大的作用，学生可以通过在线课程随时随地学习法治知识。

4. 全球合作

法治是一个国际性的话题，未来的法治教育将更加注重国际合作，学校可以与国际法学院和研究机构合作，共同开发教材和资源。

5. 实践性教育

未来的法治课程将更加注重实践性教育，通过模拟法庭、法律援助、社区服务等项目，帮助学生将理论知识转化为实际操作能力。

大学生法治课程的教材与资源建设是法治教育中不可或缺的一部分。大学和相关教育机构应积极推动法治课程的教材与资源建设，以满足社会对法治教育的需求，培养更全面的法治人才，为法治建设和社会进步作出积极贡献。

第三节　大学生法治实践教育体系构建

一、大学生实践教育的重要性与意义

大学生实践教育是指通过参与各种实践活动，如社会实践、实习、实验、实训等，培养学生的实际操作能力、创新能力和综合素养的一种教育形式。实践教育在大学教育中占据着重要地位，它不仅有助于学生将理论知识应用于实际，还培养了他们的终身学习和职业发展能力。以下将探讨大学生实践教育的重要性与意义，包括其对学生、社会和国家的影响。

（一）对学生的重要性与意义

1. 提高实际操作能力

实践教育帮助学生将理论知识转化为实际操作能力，通过亲身实践，他们能够更好地理解和掌握所学的知识，提高解决实际问题的能力。

2. 培养创新和实践能力

实践教育鼓励学生思考和创新，解决实际挑战，学生通过参与创业项目、科研实验、社区服务等实践活动，培养了创新和实践能力。

3. 提高综合素质

实践教育不仅关注专业知识，还强调对综合素质的培养，学生通过参与社会活动、团队合作等，提高了沟通、领导和组织能力。

4. 增强职业竞争力

具备实际操作能力和综合素质的学生更容易在职场中脱颖而出，雇主更愿意招聘那些具备实践经验的毕业生。

5. 建立职业规划

实践教育有助于学生了解自己的兴趣和职业方向，通过实践，他们可以更清晰地确定未来的职业目标。

（二）对社会的重要性与意义

1. 社会服务和支持

大学生通过参与社会实践和志愿者活动提供社会服务和支持，他们可以参与社区建设、慈善事业和环保活动，为社会带来积极影响。

2. 创新和发展

大学生的创新能力和实践经验对社会创新和发展至关重要，他们可以参与创业项目、科研研究、技术创新等，推动社会进步。

3. 解决社会问题

大学生通过参与实践活动可以更好地了解社会问题和挑战，提出解决方案，他们可以为参与社会改革和问题解决努力。

4. 社会和谐与发展

大学生的参与有助于社会的和谐和可持续发展，他们可以参与社会关系的改善、文化传承、教育支持等，为社会的长期稳定与发展作出贡献。

（三）对国家的重要性与意义

1. 人才培养

实践教育是国家培养高素质人才的一种重要手段，通过实践，大学生能够更好地掌握实际操作技能，为国家的发展提供人才支持。

2. 创新和科技发展

大学生的实践活动有助于国家的创新和科技发展，他们可以参与科研项目、技术创新和实验研究，为国家的科技进步作出贡献。

3. 社会和谐与稳定

国家稳定的基础社会和谐与稳定，大学生的参与有助于社会的和谐发展，他们可以参与社会问题解决、文化传承和社会服务，为国家的稳定作出贡献。

4. 国际竞争力

具备实际操作能力和综合素质的大学生提高了国家的国际竞争力，他们在国际舞台上的出色表现，可以为国家争取更多的国际机会。

二、大学生实践教育项目的策划与管理

为了确保实践项目的成功，需要进行有效的策划和管理，以下将探讨大学生实践教育项目的策划与管理，包括项目策划的重要性、策划步骤、管理方法和挑战与解决方案。

（一）项目策划的重要性

1. 明确目标和方向

项目策划有助于明确实践项目的目标和方向，明确的目标能够指导项目的实施，确保项目的有效性。

2. 资源规划

策划阶段需要考虑项目所需的资源，包括人力、财力、物力和时间，合理规划资源分配有助于项目的顺利推进。

3. 风险预测

策划阶段有助于识别潜在的风险和问题，采取措施降低风险发生的可能性，这有助于项目的稳定运行。

4. 团队协作

项目策划需要团队协作，促进团队成员之间的合作和沟通，确保项目顺利实施。

（二）项目策划的步骤

1. 明确项目目标和需求

首先，明确项目的目标和需求，这包括确定项目的主要目标、受众、范

围和时间表。

2. 制订项目计划

根据项目的目标和需求,制订详细的项目计划,计划包括项目的时间表、资源分配、工作分配和风险管理计划。

团队组建和培训:组建项目团队,并为团队成员提供培训,确保团队成员具备所需的技能和知识。

资源规划:确定项目所需的资源,包括人力、财力、物力和技术支持,制订资源分配计划,确保资源充足。

风险管理:识别项目可能面临的风险和问题,制订风险管理计划,以应对潜在的挑战。

3. 执行项目计划

根据项目计划的时间表,执行项目的各项任务,确保团队按计划工作,及时解决问题。

4. 监督和评估

定期监督项目进展,进行评估和反馈,根据评估结果进行必要的调整和改进。

5. 项目总结和报告

在项目结束后,进行总结和报告,分析项目的成果和不足,为未来的项目提供经验教训。

(三)项目管理方法

1. 项目管理工具

使用项目管理工具,如甘特图、里程碑计划和项目管理软件,来跟踪和管理项目的进展。

2. 沟通和协作

建立有效的沟通和协作机制,确保项目团队成员之间的信息共享和合作。

3. 风险管理

建立风险管理机制，定期评估项目的风险，并采取措施降低风险。

4. 绩效评估

建立绩效评估体系，对项目的进展和成果进行定期评估，以确保项目的有效性。

5. 问题解决

及时解决项目中出现的问题和挑战，避免问题升级和影响项目进展。

（四）项目管理的挑战与解决方案

1. 资源限制

项目可能面临资源不足的挑战，包括人力、财力和物力，解决方案包括寻求外部资助、资源整合和优化资源利用。

2. 团队管理

项目团队的管理和协作可能面临困难，解决方案包括培训团队成员、建立有效的沟通和协作机制。

3. 变化管理

项目可能需要应对变化和调整，解决方案包括灵活调整项目计划、及时沟通和协商。

4. 风险管理

项目可能面临各种风险和问题，解决方案包括建立风险管理机制、制订应急计划和采取风险预防措施。

大学生实践教育项目的策划与管理是确保项目成功的关键步骤，通过明确项目目标、制订项目计划、有效管理项目团队和资源，以及解决项目中出现的问题和挑战，可以确保项目的有效实施，项目管理工具、沟通和协作、风险管理、绩效评估等方法有助于提高项目管理的效率和效果，项目管理还需要应对资源限制、团队管理、变化管理和风险管理等挑战，采取相应的解决方案。通过有效的项目策划和管理，大学生实践教育项目将更好地实现培养学生实际操作能力、综合素质和创新能力的目标，为学生的职业发展和社会参与提供有力支持。

大学生实践教育项目的策划与管理不仅有助于学生的个人成长，还对社会和国家产生积极影响。学生通过实践项目获得的技能和经验将有助于他们在职业生涯中脱颖而出，为社会创新和发展提供智慧和动力。对社会和国家而言，通过实践项目，培养了更多的高素质人才，推动了社会和国家的和谐与稳定，提高了国家的国际竞争力。

因此，大学生实践教育项目的策划与管理不仅是教育机构的责任，也是社会和国家的需求。通过不断改进项目策划和管理方法，提高项目的质量和效率，可以更好地发挥实践教育的作用，为学生和社会带来更多的好处。

三、大学生实践教育项目的实施

（一）实践教育项目的类型

1. 社会实践

社会实践项目让学生走出校园，参与社会服务和志愿者活动，这种项目有助于培养社会责任感、团队合作和实际操作能力。

2. 实习和实践项目

实习和实践项目将学生引入职场，提供实际职业经验，这种项目对职业发展和就业竞争力有积极影响。

3. 科研实践

科研实践项目培养了学生的科学思维和研究能力，通过参与科研项目，他们能够更好地理解科学原理和方法。

4. 创业和创新项目

创业和创新项目鼓励学生思考和实践创新创业的机会，这种项目培养了创新和实践能力，有助于将创意付诸实践。

（二）实践教育的实施与推进

为了充分发挥实践教育的重要性与意义，学校和相关机构需要采取以下措施。

① 提供多样化实践机会：提供多样化的实践机会，包括社会实践、实习、实验、实训、志愿者活动等，以满足不同学生的需求。

② 提供导师指导：为学生提供有经验的导师指导，帮助他们在实践中获得更好的经验和指导。

③ 整合课程：将实践教育与课程整合，将理论知识与实际操作结合，使学生能够更好地将所学应用于实际。

④ 奖励与认可：学校可以设立奖学金、荣誉称号、学分奖励等机制，以鼓励学生积极参与实践活动，并给予认可和奖励。

⑤ 社会合作：建立与社会和企业的合作关系，为学生提供实践机会和资源支持。合作伙伴可以提供实习岗位、实验设备、项目支持等。

⑥ 综合评估：建立综合评估体系，对学生的实践活动进行评估和反馈，评估应综合考虑学生的实际操作能力、创新能力、综合素质等。

⑦ 持续改进：学校和相关机构应定期评估实践教育的效果，根据反馈结果进行持续改进，这包括更新实践机会、改进指导、拓展合作等。

（三）实践教育的挑战与应对措施

实践教育也面临一些挑战，包括以下几方面。

1. 资源不足

提供多样化的实践机会需要投入人力、财力和物力资源，学校可以寻求外部支持，争取经费和资源。

2. 导师匮乏

有经验的导师和指导人员不足，限制了学生的实践活动，学校可以鼓励教师参与指导工作，同时与外部机构合作提供导师资源。

3. 实践活动安排不当

有些学校或机构的实践活动可能安排不当，导致学生无法获取有效的实践经验，需要制订合理的安排和计划，确保实践活动的有效性。

4. 学生主观参与度不足

有些学生可能缺乏主动参与实践活动的动力，学校可以设立奖励机制，提高学生的参与积极性。

四、实践教育的未来发展趋势

1. 跨学科整合

未来的实践教育将更加强调跨学科整合，将不同学科领域的知识和技能融合，培养更全面的综合素质。

2. 国际化实践

国际化实践将成为未来的发展趋势，学生将有更多机会参与国际交流、跨国实习和国际合作项目，从而培养国际化视野和跨文化交流能力。

3. 数字化实践

随着科技的不断发展，数字化实践将成为一种重要的实践方式，学生可以通过虚拟实验、模拟环境等进行实践，扩展实践的范围。

4. 社会创新

未来的实践教育将更加注重社会创新，培养学生解决社会问题和创新的能力，他们将有机会参与社会创新项目，推动社会进步。

5. 终身学习

实践教育将延伸到终身学习领域。人们可以在不同阶段参与实践活动，不断提高自己的能力和素质。

实践教育对大学生成长产生深远的影响，不仅提高了他们的实际操作能力、综合素质和创新能力，还培养了他们的社会责任感和职业发展潜力。通过参与不同类型的实践项目，学生能够更好地了解自己的兴趣和职业方向，建立职业网络，增强自信心，为未来的职业生涯做好准备。实践教育还有助于培养社会责任感，让学生认识到自己可以为社会作出积极贡献，关心社会问题和环保意识。

未来，实践教育将继续发展，越来越强调跨学科整合、国际化实践、社会创新和数字化实践。这将为学生提供更多的机会和挑战，为终身学习和社会进步作出更大的贡献。通过不断改进实践教育的方法和机制，可以更好地发挥其对大学生成长的积极影响，推动他们走向更加充实和有意义的未来。

第四节　大学生法治思想政治教育体系设计

一、思政教育在大学生法治素养培育中的地位

法治素养培育是大学生教育的重要组成部分，也是培养具有法治意识的合格公民的基础。思政教育作为大学教育的重要内容，在大学生法治素养培育中具有重要地位。以下将探讨思政教育的概念与内涵、它在大学生法治素养培育中的地位，以及它对学生的影响和作用。

（一）思政教育的概念与内涵

思政教育，即思想政治教育，是指在教育过程中，通过引导学生思考、讨论和反思，培养他们正确的思想政治观念、道德伦理和社会责任感。思政教育旨在引导学生树立正确的世界观、人生观和价值观，使他们具备健康的心理素质和社会责任感。

思政教育的内涵包括以下几个方面。

1. 政治教育

引导学生了解国家政治体制、法律法规和政策，培养对政治的基本认知，提高政治参与和决策能力。

2. 思想教育

培养学生的思维能力，引导他们深入思考复杂的社会问题，形成独立性、批判性的思考能力。

3. 道德伦理教育

教育学生遵守道德准则，培养高尚的道德品质，引导他们做出道德正确的选择。

4. 社会责任感培养

鼓励学生认识到自己对社会的责任，参与社会活动，为社会作出贡献。

（二）思政教育在法治素养培育中的地位

思政教育在大学生法治素养培育中具有关键的地位，主要体现在以下几个方面。

1. 法治观念的培养

思政教育有助于培养学生正确的法治观念，使他们认识到法律是社会秩序的基础，应当尊重和遵守法律。

2. 法治精神的培养

思政教育可以引导学生培养法治精神，包括法律意识、法治思维和法治道德，这些法治精神是成为遵纪守法的公民的基础。

3. 法治教育的引导

思政教育有助于引导学生深入了解法律法规，了解国家政治制度和司法体系，培养对法治知识的兴趣和热情。

4. 社会责任感的培养

思政教育可以引导学生认识到自己对社会的责任，强调法治与社会责任的关系，鼓励学生为社会公益事业作出贡献。

5. 综合素质的提升

思政教育不仅关注法治教育，还涉及道德伦理、政治参与和社会参与等多个方面，这有助于提升学生的综合素质，使他们成为全面发展的公民。

（三）思政教育对大学生成长的影响

1. 塑造学生价值观

思政教育有助于塑造学生积极向上的价值观，引导他们珍视民主法治、尊重他人、维护社会和谐。

2. 优化学生思维方式

思政教育培养了学生独立、批判性的思维方式，使他们能够深入思考复杂的社会问题，提出解决方案。

3. 培养学生社会责任感

思政教育培养了学生的社会责任感，让他们认识到自己对社会的责任，愿意为社会贡献力量。

4. 强化学生法治意识

思政教育有助于增强学生的法治意识，使他们遵纪守法，不违法乱纪，养成守法的习惯。

5. 提高学生政治参与能力

思政教育鼓励学生积极参与政治和社会事务，增强政治参与能力，为社会和国家的政治发展作出贡献。

思政教育在大学生法治素养培育中具有不可替代的地位，通过引导学生形成正确的法治观念、培养法治精神、增强法治意识，思政教育为学生的综合素质提升和社会责任感培养做出了重要贡献。

二、思政教育的方法

作为大学教育的重要组成部分，思政教育的方法和路径至关重要。以下将探讨思政教育的方法，以帮助教育工作者更好地实施这一任务。

（一）方法与路径的选择原则

在探讨具体方法与路径之前，首先需要了解选择方法与路径的原则，以下是一些重要原则。

1. 全面性与系统性

思政教育应当全面涵盖学生的思想政治、道德伦理、法治意识等多个方面，形成系统性的教育。

2. 针对性与个性化

考虑到每位学生的不同背景和需求，方法与路径应当具有一定的针对性，以满足学生的特殊需求。

3. 互动性与参与性

思政教育不应仅是传授知识，还应鼓励学生积极参与和互动，培养其批判性思考和自主学习的能力。

4. 持续性与适时性

思政教育应当持续进行，不仅限于特定课程或时段，同时，教育应当及时针对社会和个人发展的需要做出调整。

（二）思政教育的方法

1. 课程教育

开设思政课程是传统的思政教育方法，这些课程可以覆盖政治、伦理道德、法律法规等多个领域，帮助学生建立正确的价值观。

2. 讨论和辩论

通过组织讨论和辩论，可以激发学生的思考和争辩精神，这有助于培养批判性思维和辩证思考能力。

3. 跨学科研究项目

鼓励学生参与跨学科的研究项目，以深化对法治、伦理道德等问题的理解，并培养研究能力。

4. 案例分析

通过分析真实案例，学生可以更好地理解伦理、法律和社会问题，案例分析有助于将抽象的理论知识与实际情况联系起来。

5. 社会实践

鼓励学生参与社会实践项目，亲身体验社会问题和挑战，社会实践培养社会责任感，提高法治意识。

6. 导师制度

建立导师制度，让学生有机会与老师建立密切的联系，进行一对一的思政辅导，帮助他们解决思想问题。

7. 文化艺术教育

文化艺术可以传达思想政治和道德伦理的信息，音乐、文学、戏剧等形式可以引导学生反思和思考。

8. 新媒体教育

利用新媒体平台，如社交媒体、在线课程、数字图书馆等，传播思政教育信息，吸引年轻一代学生。

9. 社会参与和志愿者服务

鼓励学生积极参与社会志愿者服务，参与社区建设和社会公益活动，培养社会责任感。

10. 校园文化建设

通过校园文化建设，如举办社会责任主题的活动、艺术表演和展览，传播思政教育信息，引导学生思考社会问题。

（三）思政教育的发展趋势

1. 全面育人

未来思政教育将更加强调全面育人，包括思想政治、道德伦理、法治素质、社会责任等多个方面。

2. 国际化视野

思政教育将引入国际化元素，让学生了解国际社会的伦理和法治问题，培养国际化视野和跨文化交流能力。

3. 数字化教育

数字化技术将应用于思政教育，提供在线学习平台、虚拟实验室等，提高学生的自主学习和思考能力。

4. 跨学科整合

思政教育将更多地与其他学科整合，提供跨学科的思政教育，以培养学生的综合素质。

5. 社会实践创新

社会实践将更加注重创新，包括社会创新和创业项目，培养学生创新精神和实际操作能力。

6. 国际交流

学校可以加强国际交流，让学生有机会参与国际性的思政教育项目，扩展国际视野。

思政教育是培养学生思想政治观念、道德伦理、社会责任感和法治素质的重要任务。选择合适的方法与路径对于思政教育的成功至关重要。方法应当具有全面性、针对性、互动性和持续性，路径应当包括综合性大学课程、跨学科研究项目、社会实践项目、导师制度等多个方面。未来，思政教育将更加注重全面育人、国际化视野、数字化教育、跨学科整合和社会实践创新。

通过不断改进方法与路径，思政教育可以更好地满足时代需求，培养更多具有高度思想政治观念和社会责任感的公民，这将有助于社会的进步和发展，以及国家的法治建设和社会和谐。

三、思政教育与法治教育的整合

思政教育和法治教育都是大学生教育中至关重要的组成部分。思政教育旨在培养学生的思想政治观念、伦理道德和社会责任感，而法治教育旨在使学生了解法律法规、培养法治意识和法治精神。两者的整合可以为学生提供更全面的教育，使他们成为具有高度思想政治观念和法治素养的公民。以下将探讨思政教育与法治教育的整合，以及这一整合对学生的影响和作用。

（一）思政教育与法治教育的关系

1. 思政教育的基本任务

思政教育旨在培养学生正确的思想政治观念、道德伦理、社会责任感和社会意识，这包括培养学生对国家政治制度的基本认知、尊重法律法规和政策、参与社会和国家事务的能力。因此，思政教育为法治教育提供了基本的价值观和道德基础。

2. 法治教育的任务

法治教育旨在使学生了解法律法规、培养法治意识和法治精神，这包括法律知识的传授，法治思维的培养，以及对法律的尊重和遵守。法治教育为思政教育提供了具体的法律法规知识和法治素质。

3. 共同目标

尽管思政教育和法治教育有不同的重点，但它们都具有共同的目标，即培养学生成为具有高度思想政治观念和法治素养的公民。因此，它们具有互补性，可以整合在一起，以提供更全面的教育。

（二）思政教育与法治教育的整合方法

1. 课程整合

大学可以整合思政教育和法治教育的课程，例如，可以设计跨学科的课程，将思想政治观念与法治意识相结合。这些课程可以覆盖政治体制、法律法规、伦理道德等多个领域，帮助学生建立全面的思想政治观念。

2. 案例教学

案例教学是一种有效的整合方法，通过分析真实案例，学生可以更好地理解伦理、法律和社会问题。这种教学方法可以帮助学生将抽象的思想政治观念与具体的法治实践联系起来。

3. 讨论和辩论

组织讨论和辩论活动可以激发学生的思考和争辩精神，这有助于培养批判性思维和辩证思维，使学生能够在伦理、政治和法治问题上深入讨论。

4. 社会实践项目

整合思政教育和法治教育的一种方式是让学生参与社会实践项目，学生参与社会实践项目，亲身体验社会问题和挑战，同时反思自己的思想政治观念和法治素养。

5. 导师制度

建立导师制度，为学生提供一对一的指导和辅导，导师可以帮助学生解决思想问题，引导他们建立正确的思想政治观念，并教育他们遵守法律法规。

（三）整合的优势和作用

1. 提供全面的教育

思政教育与法治教育的整合可以为学生提供更全面的教育，学生不仅要了解国家政治体制，还要学习法律法规，培养社会责任感，建立正确的思想政治观念。

2. 培养综合素质

整合思政教育和法治教育有助于培养学生的综合素质，使他们具备思想政治观念、法治知识、伦理道德、社会责任感等多方面的素养。

3. 促进批判性思考

讨论、辩论和案例分析等活动有助于培养学生的批判性思维和辩证思考能力，使他们更好地理解伦理、政治和法治问题，并能够就这些问题进行深入思考。

4. 增强法治意识

整合思政教育和法治教育可以帮助学生增强法治意识，使他们了解法律的重要性，尊重法律法规，不仅遵守法律，还愿意参与法治建设。

5. 社会责任感的培养

通过社会实践项目和志愿者服务，学生将培养社会责任感，使他们认识到自己对社会的责任，愿意为社会作出贡献，参与社会公益事业，促进社会和谐与发展。

（四）整合的挑战和应对策略

1. 课程整合的挑战

整合思政教育和法治教育的课程可能会增加学生的学习负担，应采用合适的教学方法，如互动式教学、小组讨论等，以提高学习效果。

2. 师资和教育资源

整合需要具备相关知识和背景的教师，以及足够的教育资源，学校可以通过培训教师，引入外部资源来满足教育需求。

3. 学生的不同需求

学生在思政教育和法治教育方面有不同的需求，应提供个性化的教育和辅导，以满足不同学生的特殊需求。

4.评估和反馈

如何评估整合后的教育效果是一个挑战，可以采用多种评估方法，包括学业成绩、学生反馈、社会参与等，以全面评估教育质量。

思政教育与法治教育的整合为学生提供更全面的教育，培养具有高度思想政治观念和法治素质的公民。这种整合可以通过课程整合、案例教学、讨论和辩论、社会实践项目、导师制度等方法实现。整合的优势包括提供全面的教育、培养综合素质、促进批判性思考、增强法治意识和培养社会责任感。然而，整合也面临挑战，包括课程整合的难度、师资和教育资源的问题，学生的不同需求以及评估和反馈的挑战。通过合理的规划和创新，可以克服这些挑战，提供更有效的思政教育与法治教育整合，为培养具有高度思想政治观念和法治素质的公民作出贡献。这将有助于社会的进步和发展，以及国家的法治建设和社会和谐。

第五节 大学生法治文化建设体系

一、法治文化的内涵与价值观传承

法治文化是一种深刻影响社会和个体的文化模式，它强调法律和法治制度在社会中的重要性，以及法治精神在个体行为中的价值。法治文化不仅涵盖法律制度和规则的传承，还包括法治观念、价值观和行为准则的传播。以下将探讨法治文化的内涵以及如何传承其中的重要价值观。

（一）法治文化的内涵

1.法治观念

法治文化强调法治观念的传承，这包括尊重法律、遵守法规、维护法律权威和法治体系的信仰。法治观念是法治文化的核心，它促使个人和社会认可法律的权威，遵循法治原则。

2．法治制度

法治文化涉及对法治制度的传承，这些制度确保了法治的实施和维护，为公平、公正和可预测的社会提供了基础。

3．法治精神

法治文化强调对法治精神的培养，这包括尊重他人的权利和自由，以及通过法治手段解决争议和冲突。法治精神鼓励人们以和平、合法的方式解决问题。

4．法治教育

法治文化需要通过教育体系来传承，法治教育包括学校和社会中的法治教育，培养人们对法治的理解和认同。

5．社会参与

法治文化鼓励公民参与社会和政治活动，以确保法治的有效运作，这包括选举、示威、舆论监督等各种形式的公民参与。

（二）法治文化的重要价值观

1．法治平等

法治文化强调每个人在法律面前都应该平等，无论其社会地位、财富、种族或性别如何，这一价值观确保了公正和公平的法治体系。

2．法治公平

法治文化强调公平和公正的原则。法律应该平等地对待每个人，不偏袒、不歧视，确保每个人都有平等的机会和权益。

3．法治责任

法治文化强调每个公民都应承担法治责任，包括遵守法律、参与法治、尊重他人的权利和维护法治秩序。

4. 法治自由

法治文化强调个体的自由和权利应在法治框架内行使，这包括言论自由、信仰自由、个人隐私和公平审判。

5. 法治透明

法治文化强调政府和机构的透明度，确保决策和行为是公开的，公众可以监督政府行为，防止腐败和滥权。

（三）法治文化的传承与弘扬

1. 教育体系

法治文化的传承应该始于教育体系。学校和大学应该提供法治教育，培养学生的法治观念和法治精神。法治教育可以包括法律课程、公民教育、道德伦理教育等。

2. 社会宣传

政府和社会机构应该通过各种渠道进行法治文化的宣传，这包括广告、宣传活动、社交媒体和公共演讲，以普及法治观念和价值观。

3. 法治机构

法治机构如法院、检察院、执法机构等应该维护法治原则和公平审判，以树立法治的典范，让公众相信法治体系的有效性。

4. 社会教育

社会团体、非政府组织和志愿者组织可以提供法治教育和宣传活动，以帮助更多的人了解法治文化的内涵和重要性。

5. 参与机会

政府应该提供更多的公民参与机会，包括选举、公民咨询、社区活动等，鼓励公民积极参与社会和政治事务，从中体验法治的价值。

法治文化是一个社会的基本支柱，它确保了法治原则、法治观念和法治价值观的传承。通过教育、社会宣传、法治机构和社会教育，可以传承和弘扬法治文化。法治文化的内涵包括法治观念、法治制度、法治精神、法治教育和社会参与。其中的重要价值观包括法治平等、法治公平、法治责任、法治自由和法治透明。法治文化的传承和弘扬对社会和国家有着深远的影响，包括社会和谐、经济发展、个体权益、社会信任、国际关系和政治稳定。因此，维护和弘扬法治文化是一个重要的任务，有助于构建更加公正、和谐和稳定的社会。

二、法治文化建设的活动与传播

法治文化的建设与传播是维护社会公平正义、保障人权和促进社会和谐的关键因素。法治文化活动与传播旨在传承法治观念、强化法治制度、培养法治精神，以及促进社会各界对法治的认同和参与。以下将探讨法治文化建设的活动与传播，以及它们在社会中的重要作用。

（一）法治文化建设的活动

1. 法治教育

法治教育是法治文化建设的核心。学校教育体系和社会教育机构应提供法治教育，包括法律课程、公民教育、伦理道德教育等，这有助于培养人们的法治观念和法治素养。

2. 媒体宣传

政府和社会组织可以通过各种媒体渠道进行法治宣传，包括电视、广播、互联网、社交媒体、报纸等。宣传活动可以传递法治观念、法治故事、法治成功案例，以便公众了解法治的重要性。

3. 法治讲座和研讨会

举办法治讲座和研讨会是法治文化建设的有效方式，这些活动可以邀请法学专家、法官、检察官、律师等分享他们的经验和知识，同时提供机会让公众提问和讨论法律问题。

4. 法治比赛和竞赛

学校和社会组织可以组织法治比赛和竞赛，鼓励学生和公众参与，包括辩论比赛、法律知识竞赛、法治写作竞赛等，这些活动激发学生学习法治的兴趣和积极性。

5. 社区活动

社区活动是法治文化建设的基础，社区可以组织法治宣传活动、法律咨询服务、社会服务项目等，以帮助居民树立法治观念，了解法治原则。

6. 法治教育网站和应用程序

政府和社会组织可以建立法治教育网站和应用程序，提供法律法规查询、在线课程、法治测试等资源，以方便公众获取法治知识。

7. 庆祝法治日

一些国家和地区设立了法治日，以庆祝法治的重要性，在法治日，各种法治活动和庆祝活动可以举行，以提高法治意识。

（二）法治文化传播的途径

1. 故事和案例传播

通过真实故事和案例，法治文化可以更好地向公众传播，这些故事和案例可以涵盖法治英雄、法治背后的故事、成功的法治案例等。

2. 媒体报道

新闻媒体在法治文化传播中扮演重要角色，新闻报道可以报道法律事件、法治问题、法院判决等，以提高公众对法治的关注。

3. 社交媒体

社交媒体是法治文化传播的重要平台，政府和社会组织可以通过社交媒体发布法治信息、互动讨论、回答法律问题等。

4. 教育资源分享

教育资源的分享有助于传播法治文化，政府和学校可以分享法治教育资源，以便更多的人可以学习法治知识。

5. 法治宣传材料

政府和社会组织可以制作法治宣传材料，如海报、手册、宣传册等，以便向公众传播法治观念。

6. 社交活动

社交活动是法治文化传播的重要方式，社会组织和政府可以组织法治宣传活动、法治节日庆典、法治主题展览等，以吸引公众的兴趣。

（三）法治文化建设与传播的作用

1. 培养法治观念

法治文化建设与传播有助于培养公众的法治观念，通过法治教育、案例传播和宣传活动，人们可以了解法治的重要性，以及法治在社会中的作用。

2. 维护社会公平正义

法治文化传播有助于维护社会公平和正义，它强调法治平等、法治公平和法治责任的重要性，以确保每个人都能平等享有法律权益。

3. 促进社会和谐

法治文化建设有助于促进社会和谐，通过宣传法治原则和法治精神，鼓励人们以和平、合法的方式解决争端和冲突，减少社会不稳定因素。

4. 增强社会信任

法治文化传播有助于增进社会信任，人们相信法治体系会保护他们的权益，这促进了社会信任和合作。

5. 提高政府合法性

政府的合法性建立在法治基础之上，通过法治文化的建设和传播，政府可以提高其合法性和权威，获得公众的支持和认同。

6. 促进经济发展

法治文化有助于促进经济发展，法治体系提供了法律保护和合同执行的可预测性，鼓励投资和创新。

7. 保障个体权益

法治文化传播有助于保障个体的权益，在法治文化下，每个人都可以享有平等的法律保护，避免不公平的对待和侵犯权益的情况。

8. 维护国际和平与稳定

国际社会也需要传播法治文化，尊重国际法和法治原则有助于维护国际和平与稳定。

（四）面临的挑战和对策

1. 法治文化认知不足

一些人对法治文化的认知不足，可能缺乏法治观念，解决这一问题需要加强法治教育，提高公众对法治的认识。

2. 法治文化传播失真

媒体和社交媒体上可能存在法治信息的失真和偏见，政府和社会组织需要加强监管，确保传播的法治信息是准确且公正的。

3. 法治文化建设资源有限

一些地区和国家可能面临法治文化建设资源有限的挑战，政府和国际组织可以提供支持，提供资金和资源，以促进法治文化建设。

4. 法治文化传播的挑战

法治文化传播可能面临挑战，如文化差异、语言障碍和信息过载，为了更好地传播法治文化，需要选择适当的传播策略和方法。

法治文化建设与传播是维护社会公平正义、保障人权和促进社会和谐的关键因素。通过各种活动和传播途径，可以传承法治观念、强化法治制度、培养法治精神，以及促进社会各界对法治的认同和参与。法治文化的建设与传播有助于培养法治观念、维护社会公平和正义、促进社会和谐、增强社会信任、提高政府合法性、促进经济发展、保障个体权益、维护国际和平与稳定。然而，面临的挑战包括法治文化认知不足、传播失真、资源有限和传播的挑战。通过合理的规划和创新，可以克服这些挑战，为法治文化的建设和传播作出更大的贡献，这将有助于构建更加公正、和谐和稳定的社会，以及国家的法治建设和社会进步。

三、大学生法治文化建设与校园文化融合

大学生法治文化建设是培养具有法治观念和法治素养的大学生的过程。同时，大学校园文化是大学生生活的重要组成部分，包括学术文化、社交文化、精神文化等多个方面。以下将探讨大学生法治文化建设与校园文化的融合，以实现全面素质教育的目标。

（一）大学生法治文化建设的重要性

1. 培养法治观念

大学生是社会未来的栋梁，大学生法治观念的形成对社会法治建设至关重要。大学阶段是培养法治观念的黄金时期，通过系统的法治教育和文化传递，可以使大学生认识到法律和法治的重要性。

2. 提高法治素养

法治素养是个体在社会中遵守法律、尊重法治原则和法治精神的能力。大学生法治文化建设有助于提高他们的法治素养，使他们能够更好地适应社会环境，参与社会事务。

3. 促进社会和谐

有法治观念和法治素养的大学生更容易遵守法律法规，积极参与社会公益事业，从而促进社会和谐和发展。他们将更加注重公共利益和社会责任，有助于社会的进步。

（二）校园文化的内涵与特点

1. 学术文化

大学校园是知识的殿堂，学术文化是校园文化的核心。学术文化强调学

术自由、学风严谨和创新精神。

2. 社交文化

大学校园是社交的场所，社交文化强调人际关系、团队协作和文化多元性，在校园里，学生可以交流思想、结交朋友、培养社交技能。

3. 精神文化

大学校园也是精神生活的场所，精神文化包括文学、艺术、宗教和价值观念，这些元素有助于丰富学生的精神生活，提升他们的综合素质。

4. 法治文化

法治文化是校园文化的一个重要组成部分，它强调校园内的法治观念、法治制度、法治精神的传递，以及学生对法治的认同和参与。

（三）大学生法治文化建设与校园文化融合的途径

大学生法治文化建设与校园文化融合的途径有以下几种。

1. 法治教育

大学可以通过法治教育课程，培养学生的法治观念和法治素养，这些课程可以融入学术文化，强调法律知识和法治精神。

2. 法治活动

校园可以组织各种法治活动，如法治讲座、法治竞赛、模拟法庭等，这些活动可以促进学生的法治参与和法治互动，使法治文化成为校园的一部分。

3. 法治宣传

学校和社会组织可以通过媒体宣传、法治宣传材料和社交媒体来传播法治观念和法治知识，宣传活动可以融入社交文化，引导学生积极参与法治文化建设活动。

4. 法治示范

学校可以建立法治示范区域，例如，法治社区、法治学生组织等，这些示范区域可以向学生展示法治文化的实际运作,激发学生的参与和学习兴趣。

5. 法治案例教育

通过法治案例教育,学生可以学习实际法律案例,了解法律原则和法治价值观,这有助于将法治文化融合到学术文化中。

(四)法治文化建设与校园文化融合的作用

1. 全面素质教育

法治文化建设与校园文化融合有助于实现全面素质教育,学生不仅在学术上得到培养,还能够具备法治观念和法治素养。

2. 社会责任感

通过法治文化建设可以培养学生的社会责任感,他们将更加注重公共利益和社会责任,有助于社会的和谐和发展。

3. 法治互动

融合法治文化的校园文化鼓励学生参与法治活动和互动,这有助于学生积极参与社会公益事业和法治实践。

4. 法治观念的传承

通过融合法治文化,学生可以传承法治观念,这对社会法治建设至关重要,他们将在未来成为社会的一部分,积极参与公民事务,推动社会法治文化的传承。

5. 法治意识的增强

融合法治文化有助于增强学生的法治意识,他们将更加重视法律和法治原则,遵守法律法规,从而降低法律风险、减少社会冲突。

6. 校园文化的丰富性

融合法治文化可以丰富校园文化,使校园文化更加多元和全面,学校可以成为法治观念和法治活动的重要场所，吸引更多学生积极参与。

（五）面临的挑战和对策

1. 法治教育内容

确保法治教育内容丰富多样，能够满足不同学生的需求，教育部门和学校可以设计多样化的法治课程，包括案例研究、法治实践和社会法治活动。

2. 法治教育师资

培训和聘用具有法治教育背景的师资，以确保高质量的法治教育，学校可以开设法治教育师资培训课程，吸引更多优秀的法治教育者。

3. 法治文化宣传

加强法治文化的宣传，增强学生对法治的认知，学校和社会组织可以合作开展法治宣传活动，提高公众对法治的关注度。

4. 法治文化融合

确保法治文化融合到校园文化的各个方面。学校可以制订综合的法治文化融合计划，包括法治教育、法治活动和法治宣传。

大学生法治文化建设与校园文化的融合是全面素质教育的重要组成部分，通过法治教育、法治活动、法治宣传和法治文化融合，学校可以培养具有法治观念和法治素养的学生，使他们成为社会的法治公民，这有助于提高学生的社会责任感，促进社会的和谐与发展。同时，学校需要克服一系列挑战，包括法治教育内容、法治教育师资、法治文化宣传和法治文化融合等方面的挑战，以实现法治文化建设与校园文化的有机融合。这将为培养更多有法治意识和社会责任感的大学生，以及为社会法治建设作出更大的贡献提供有力支持。

第六节　大学生法治素养培育体系的可持续发展

一、可持续发展的概念与原则

（一）可持续发展的概念

可持续发展是一个全球性的发展理念，1987 年，世界环境与发展委员会将可持续发展定义为："既能满足当代人的需要，又不对后代人满足其需要的能力构成危害的发展"。这一概念强调社会、经济和环境的平衡，以确保对资源的有效利用和环境的保护。

（二）可持续发展的原则

为了实现可持续发展，需要遵循三大原则，以下是可持续发展的主要原则。

① 公平性原则：本代人之间的公平、代际间的公平和资源分配与利用的公平。

② 持续性原则：人类经济和社会的发展不能超越资源和环境的承载能力。

③ 共同性原则：各国可持续发展的模式虽然不同，但公平性和持续性原则是共同的。

（三）可持续发展的应用领域

可持续发展的概念和原则在各个领域都具有广泛的应用，以下是可持续发展在不同领域的应用。

1. 环境保护

可持续发展的环境保护原则在全球范围内应用广泛，特别是在减少气候变化、保护生态系统和生物多样性、水资源管理等领域,《巴黎协定》等国际协定致力于减少温室气体排放,以应对气候变化。

2. 农业和食品安全

在农业领域,可持续发展原则鼓励可持续的农业实践,以确保食品生产的可持续性,这包括有机农业、生态农业和农村发展计划,旨在提高食品生产效率和质量,同时减少环境污染。

3. 城市规划和建设

城市化进程中,可持续发展原则得到了广泛应用,城市规划和建设要考虑公共交通、可再生能源、垃圾处理和空气质量等问题,以创建可持续的城市环境。

4. 能源生产和利用

能源是可持续发展的关键领域,可持续能源政策和实践致力于减少对化石燃料的依赖,提高能源效率,推动可再生能源的使用。

5. 教育

可持续发展教育是培养学生可持续思维和行动的一部分,这包括培养环保意识、社会责任感和全球意识,以便将可持续发展的原则融入日常生活和工作中。

6. 社会和经济领域

可持续发展原则适用于社会和经济政策,这包括减少贫困、提高社会公平、促进社会福祉和经济增长的平衡。

7. 全球协作

全球问题需要国际协作,可持续发展原则在国际关系中发挥重要作用,国际组织如联合国和世界银行在可持续发展议程的推动中起着关键作用。

(四)可持续发展的影响

可持续发展的应用在全球范围内产生了广泛的影响,具体如下。

1. 环境保护

可持续发展原则的应用有助于减少环境破坏、防止生态系统的崩溃，这有助于维护自然资源，减少气候变化的影响，保护生物多样性。

2. 经济增长

经济可持续性原则促进了经济增长的可持续性，避免了资源枯竭和经济崩溃的风险。可持续经济增长有助于提高国家的生活水平和社会福祉。

3. 社会公平

可持续发展强调社会公平、减少贫困和社会不平等，这有助于创造更具包容性的社会，提高人们的生活质量。

4. 全球和平

可持续发展原则促进了国际合作和和平，通过解决全球问题，如气候变化、资源争夺和粮食安全，有助于维护国际和平与安全。

5. 教育和意识

可持续发展教育有助于提高人们的环保意识、社会责任感和全球意识，这促使人们更积极参与可持续行动，推动社会的变革。

（五）可持续发展的挑战

尽管可持续发展是一个重要的发展理念，但它仍然面临一些挑战，具体如下。

1. 资源限制

地球资源有限，可持续发展需要更有效的资源管理和利用，包括能源、水资源、土地和矿产资源。

2. 气候变化

气候变化是一个严峻的挑战，需要通过全球合作来减少温室气体排放，应对气候变化。

3. 社会不平等

全球范围内仍然存在社会不平等和贫困，减少不平等是一个复杂的挑战，需要政策和措施的支持。

4. 政策协调

可持续发展需要不同政策领域的协调和合作，政策之间的不一致性和矛盾可能影响可持续发展目标的实现。

5. 意识和行为改变

将可持续发展原则转化为实际行动需要人们的意识和行为改变，这可能需要时间和教育，以便人们更积极地采取可持续的生活方式。

二、大学生法治素养培育体系的可持续性保障

大学生法治素养的培养是现代高等教育中的一个重要任务，它涉及培养学生的法治观念、法治知识和法治能力，使他们成为具备法治素养的公民。然而，大学生法治素养的培育不仅是一时的任务，更是一个长期的、可持续的过程。以下将探讨大学生法治素养培育体系的可持续性保障，包括体系的构建、教育资源的保障、评估机制的建立及社会参与的推动。

（一）大学生法治素养培育体系的构建

1. 明确目标和指标

构建可持续的大学生法治素养培育体系需要明确培养目标和指标，学校和教育机构应该明确定义所期望的法治素养水平，并制订相应的教育计划。

2. 设计课程和教材

为了培养学生的法治素养，需要设计符合法治教育要求的课程和教材，这些课程应包括法律知识、法治理念、法治实践等内容，并采用多样化的教学方法。

3. 培养师资

师资队伍是大学生法治素养培育体系的重要支撑，需要培养和引进具有法治教育背景的教育者，以提供高质量的法治教育。

4. 学生参与

鼓励学生积极参与法治教育和实践活动，以增强他们的法治素养，学校可以设立法治学生组织、模拟法庭等，为学生提供更多参与的机会。

5. 跨学科合作

法治教育应与其他学科融合，以促进学生的综合素养。跨学科合作有助于将法治观念融入各个领域。

（二）教育资源的保障

1. 资金支持

为了构建可持续的大学生法治素养培育体系，需要足够的资金支持，政府、学校和社会组织提供资金，用于培训师资、开发课程、购买教材等方面。

2. 教材和资源

教育资源包括教材、图书馆、数字资源、实践设施等，学校应提供充足的法治教材和资源，以满足师生的需求。

3. 技术支持

现代教育需要技术支持，包括在线教育平台、多媒体教具和虚拟实验室，这些技术工具有助于提高法治教育的质量和效率。

4. 师资培训

培育高质量的师资队伍需要不断的师资培训，学校和教育机构应提供师资培训计划，以提高教育者的教育水平和法治教育能力。

（三）评估机制的建立

1. 制定评估标准

为了确保大学生法治素养培育体系的可持续性，需要建立明确的评估标准，这些标准应包括学生的法治知识水平、法治实践能力、法治观念等方面。

2. 定期评估和监测

学校应建立定期的评估和监测机制，以跟踪学生的法治素养发展情况，这可以通过考试、问卷调查、学生作品展示等方式进行。

3. 反馈和改进

评估结果应提供给学校和教育者，以便他们了解培育效果，并采取改进措施，这有助于不断提高法治教育的质量。

（四）社会参与的推动

1. 社会组织参与

社会组织如律师协会、非政府组织和法律援助机构可以与学校合作，提供法治实践和教育机会，他们的专业知识和资源可以丰富法治教育的内容和实践。

2. 企业合作

企业界对法治素养的培育也有重要作用，学校可以与企业建立合作关系，提供法治培训和实践机会，以培养学生的法治观念和法治能力。

3. 政府支持

政府在法治教育中起着关键作用，政府应提供政策支持、资金支持和法律框架，以推动法治教育的发展。

（五）可持续性保障的挑战和对策

1. 资源不足

建立可持续的法治素养培育体系需要大量的资源，包括资金、教材、教育技术和师资，资源不足可能会限制可持续性，对策如下。

① 提高政府拨款：政府可以增加对法治教育的资金支持，确保学校能够提供高质量的法治教育。

② 吸引赞助和捐赠：学校可以积极吸引企业、社会组织和个人的赞助和捐赠，以弥补资源不足。

③ 制定资源共享政策：学校和教育机构可以制定资源共享政策，与其他机构合作，共享教材和教育资源。

2. 师资不足

缺乏具备法治教育背景的师资队伍也是可持续性的挑战，对策如下。

① 师资培训：学校可以定期开展法治教育师资培训，提高教育者的法治教育能力。

② 吸引法学专业毕业生：学校可以积极吸引法学专业毕业生从事法治教育，提供激励政策和发展机会。

③ 跨学科合作：鼓励跨学科合作，将法学专业的教育者与其他领域的专家联合教授法治课程。

3. 评估机制不健全

建立有效的评估机制是保障可持续性的重要一环，对策如下。

① 制定明确的评估标准：确保评估标准明确和具体，以便准确评估学生的法治素养水平。

② 定期评估和反馈：建立定期的评估和反馈机制，确保评估结果用于改进法治教育的质量。

③ 多维度评估：采用多种评估方法，包括考试、问卷调查、学生作品展示和口头考核，以综合评估学生的法治素养。

4. 社会参与不足

社会参与对于可持续的法治素养培育至关重要，对策如下。

① 建立合作关系：学校可以积极建立与社会组织、企业和政府的合作

关系，以提供法治实践和教育机会。

② 社会宣传和教育：学校和社会组织可以共同开展法治宣传和教育活动，增强社会的法治意识。

③ 制定政策支持：政府可以制定政策支持社会组织和企业参与法治教育，提供激励措施和政策支持。

可持续的大学生法治素养培育体系是现代高等教育中的一个重要任务，它涉及培养学生的法治观念、法治知识和法治能力，以使他们成为具备法治素养的公民。为了保障可持续性，需要构建明确的教育体系、保障教育资源、建立评估机制和推动社会参与。尽管存在一些挑战，但通过政府、学校、社会组织和企业的合作，可以应对这些挑战，确保大学生法治素养的培育能够持续发展。可持续的法治素养培育体系有助于培养具备法治观念和法治素养的大学生，增强社会的法治意识，促进社会的和谐与发展，为国家的法治建设作出更大的贡献。这一过程需要不断的改进和创新，以适应不断变化的社会需求和法治发展。

三、可持续发展策略的实施与效果评估

为了实现可持续发展，各国制定了一系列策略和政策，然而，策略的制定只是第一步，实施和效果评估同样至关重要。以下将探讨可持续发展策略的实施过程、效果评估方法及实施过程中面临的挑战。

（一）可持续发展策略的实施

1. 政策制定与规划

可持续发展策略的实施开始于政策的制定和规划，政府和相关利益相关者应明确可持续发展的目标和愿景，并制定相应政策措施。

2. 资源配置

资源是实施可持续发展策略的基础，政府需要确保足够的财政资源、技

术资源和人力资源用于策略的实施。

3. 立法和法规

法律框架对于可持续发展的实施至关重要，政府需要通过法律手段确保策略的执行，包括环境法律、土地使用法规、社会政策等。

4. 社会参与

社会参与是可持续发展策略实施的重要组成部分，政府需要与公众、非政府组织和企业合作，建立伙伴关系，共同实施策略。

5. 监测和报告

可持续发展策略的实施需要建立监测和报告机制，以跟踪进展和问题，包括收集数据、评估效果、发布报告等。

（二）可持续发展策略的效果评估

1. 指标和评估标准

为了评估可持续发展策略的效果，需要建立明确的指标和评估标准，这些标准可以包括社会指标（如贫困率、教育水平）、经济指标（如 GDP 增长、就业率）和环境指标（如二氧化碳排放、水资源使用）等。

2. 数据收集和分析

数据的收集和分析是评估效果的基础。政府和相关机构需要建立数据收集系统，以便获取相关数据，这些数据可以来自调查、统计、监测、评估报告等。

3. 效果评估方法

效果评估可以采用不同的方法，包括定量分析、定性研究、案例分析和趋势分析，这些方法可以用于测量策略的效果和影响。

4. 参与利益相关者

评估过程中应该包括各个利益相关者的参与，公众、社会组织和企业可以提供重要信息，以便评估更加全面和客观。

5. 报告和沟通

评估结果应该向公众和政策制定者报告，以便透明地沟通策略的效果，这有助于建立信任和支持。

（三）可持续发展策略的实施与效果评估的挑战

1. 资源限制

实施可持续发展策略需要大量的资源，包括财政资源、技术资源和人力资源。资源的限制可能会影响策略的实施。

2. 政策协调

可持续发展策略可能涉及不同政策领域的协调和整合，政策协调的不足可能导致策略的片段式实施。

3. 政策实施力度

政府和政策制定者的决心和实施力度对策略的成功至关重要，如果政府不重视策略的实施，可能会导致效果不佳。

4. 数据质量

数据的质量和可靠性对于效果评估至关重要。如果数据不准确或不完整，可能会影响评估的准确性。

5. 时间因素

可持续发展是一个长期目标，而政府和政策制定者可能更关注短期政绩，这可能会导致策略的实施和评估受到时间压力。

（四）实施与评估的成功案例

1. 挪威的可持续能源政策

挪威采取了一系列政策措施，促进可持续能源的发展，包括水电和风能，政府建立了监测系统，定期评估政策的效果，确保挪威的能源生产是可持续的。

2. 德国的能源转型

德国实施了能源转型政策，旨在减少对化石燃料的依赖，提高可再生能源的使用，政府采取了补贴政策、法规制定、技术研究和发展等多方面的措施。德国政府定期对政策进行评估，以确保目标的实现和效果的评估。

3. 巴西的雨林保护政策

巴西政府采取了一系列政策措施，保护亚马逊雨林，政府与国际组织和非政府组织合作，建立了监测系统，用于评估雨林破坏和保护政策的效果，这有助于保护雨林的生态系统和生物多样性。

可持续发展是全球范围内的重要目标，要实现可持续发展需要制定和实施相应的策略和政策。策略的实施和效果评估同样重要，以确保策略的成功和持续性。实施过程中需要充足的资源、政策协调、政策实施力度、高质量的数据和充分的时间。评估过程需要明确的指标和评估标准、数据收集和分析、各方参与、报告和沟通。面临的挑战包括资源限制、政策协调、政策实施力度、数据质量和时间压力。

成功案例表明，政府、国际组织、非政府组织和企业之间的合作是实施和评估的关键因素。政府需要制定明确的政策和法规，建立监测和报告机制，确保政策的执行和效果的评估。国际组织和非政府组织可以提供专业知识和资源支持，企业可以参与可持续发展，提供技术和资金支持。可持续发展的实施和效果评估需要各方的合作，共同努力，以实现全球可持续发展的目标。

第四章 大学生法治素养培育的
实际问题与挑战

第一节 大学生法治教育的现实问题

一、现行法治教育体系的问题与短板

法治教育是培养公民的法律素养和法治观念，以确保社会和谐、公平和正义的重要途径。然而，尽管各国普遍重视法治教育，但现行法治教育体系仍然存在许多问题和短板。以下将讨论现行法治教育体系的问题，包括内容不足、教育质量不一、教育资源不平衡、社会参与不足、评估体系不健全等方面。

（一）法治教育内容不足

1. 法律知识的不足

现行法治教育体系中，法律知识通常被削弱，更多的关注点放在了普及法律知识的数量上，而忽视了法律原理和实际应用的教学。

2. 法治观念的缺失

很多法治教育课程强调法律知识的传授，但忽略了培养法治观念和价值观的重要性，学生应该学会尊重法律、遵纪守法、维护公平和正义。

3. 现实应用的欠缺

现行法治教育体系往往过于理论化，忽略了法律在日常生活中的实际应用，学生需要了解如何运用法律知识解决实际问题。

（二）教育质量不一

1. 师资不足

一些地区和学校缺乏经验丰富的法治教育师资，导致教育质量不足。培训和吸引高质量的教育者是一个重要问题。

2. 教材和资源不足

一些学校缺乏法治教育所需的教材和资源，这限制了教育的质量和效果，资源分配不均衡导致地区之间的教育质量差异。

3. 教学方法陈旧

一些法治教育仍采用传统的教学方法，如纯讲授和记忆，缺乏对现代教育方法、互动学习和实践性教育的普及。

（三）教育资源不平衡

1. 城乡差距

法治教育资源在城市和农村之间存在差距，城市地区通常拥有更多的法治教育资源，而农村地区的资源不足。

2. 地区差异

不同地区之间也存在资源不平衡，一些富裕地区拥有更多的法治教育资源，而一些贫困地区拥有的资源有限。

3. 家庭经济差距

家庭经济差距导致了教育资源不平衡，一些富裕家庭可以获得额外的法治教育，而贫困家庭无法获得相同的机会。

（四）社会参与不足

1. 学校与社会脱节

一些学校与社会脱节，法治教育缺乏与社会实践的结合。学生不了解法律在社会中的实际应用。

2. 家长的不重视

一些家长不重视法治教育，可能认为它不如其他学科重要。家庭对于法治观念的培养也至关重要。

3. 社会组织和企业的参与

社会组织和企业应更加积极参与法治教育，提供实践机会、资源支持和专业知识。

（五）评估体系不健全

1. 缺乏明确的评估标准

现行法治教育体系缺乏明确的评估标准，难以衡量教育的效果。评估体系需要明确定义评估指标和标准。

2. 定期评估不足

一些地区和学校缺乏定期的法治教育评估机制，影响教育质量。需要建立定期的评估体系，以跟踪教育质量。

3. 多维度评估不足

评估体系通常过于侧重学生的学术成绩，忽略了对其他方面的评估，如法治观念和实际应用。

二、大学生法治教育的需求分析

大学生法治教育是培养大学生法治素养和法治观念的重要组成部分，随着社会的发展和法治建设的深化，大学生法治教育的需求逐渐凸显。以下将探讨大学生法治教育的需求，包括国家需求、社会需求和学生需求等方面。

（一）国家需求

1. 法治国家建设需求

国家法治建设是中国的重要战略目标，培养具备法治素养的大学生有助于推动国家法治建设，维护国家的法治秩序。

2. 法治教育政策的支持

中国政府出台了一系列法治教育政策和文件，支持和推动大学生法治教育的开展。国家需要有足够的具备法治素养的大学生来响应政策和推动实施。

3. 国际竞争力的提升

国家需要具备法治素养的人才，以提升国际竞争力，法治教育有助于培养具备国际视野的大学生，为国际事务作出贡献。

大学生法治教育的需求是多方面的，包括国家需求、社会需求、学生需求。学生需要法律知识来解决生活中的法律问题，塑造积极的法治观念，满足职业发展需求。社会需要具备法治素养的大学生来传播法治观念、应对法治风险、追求公平与正义，以及参与国家法治建设。国家需要大学生来推动国家法治建设，响应法治教育政策，提升国际竞争力。因此，大学生法治教育应当紧密结合社会需求、学生需求和国家需求，为大学生提供全面的法治教育，培养具备法治素养和法治观念的公民。

（二）社会需求

1. 社会法治观念的普及

随着社会的进步，法治观念在社会中的普及日益重要，社会需要具备法治素养的大学生，他们能够成为法治意识的传播者和践行者。

2. 法治风险的增加

社会上存在各种法治风险，如合同纠纷、侵权案件、网络犯罪等，大学生需要具备基本的法律知识，以防范和解决法律问题。

3. 社会公平与正义的追求

法治教育有助于培养公平和正义的观念，使大学生成为社会公平和正义的捍卫者，这符合社会对更加公平和正义的追求。

4. 国家法治建设的推动

国家法治建设需要有一支具备法治素养的年轻一代来参与和推动，大学生作为未来社会的中坚力量，需要承担这一重要任务。

（三）学生需求

1. 法律知识的学习需求

大学生普遍对法律知识感兴趣，他们希望了解法律的基本原理和应用，以解决生活中的法律问题。

2. 维权和保护的需求

大学生在校园生活中可能会遇到各种问题，如租房纠纷、消费权益保护等，他们需要具备维权和保护自身合法权益的法律知识。

3. 法治观念的塑造需求

大学生处于成长阶段，他们的法治观念和价值观正在形成，法治教育有助于塑造积极的法治观念，使他们成为守法公民。

4. 职业发展需求

一些大学生希望将法律作为职业方向，他们需要系统的法学知识和法律实践经验，以备将来从事法律职业。

三、法治教育与社会需求的契合

法治教育是培养公民法治素养和法治观念的关键领域，它不仅是学校教

育的一部分，也是社会的需求。以下将探讨法治教育与社会需求之间的契合
关系，包括法治教育满足社会需求的重要性、法治教育如何适应社会需求的
变化，以及法治教育与社会和谐、公平、正义的关系。

（一）法治教育满足社会需求的重要性

1. 维护社会秩序和稳定

法治教育有助于培养公民的法治观念和守法意识，减少违法行为的发
生，维护社会秩序和稳定，一个守法的社会将更加和谐和有序。

2. 促进公平与正义

法治教育强调公平和正义的重要性，有助于培养公民对不平等和不正义
的敏感性，公民的法治素养有助于促进社会的公平与正义。

3. 提高法律素养

法治教育使公民具备基本的法律知识，能够理解和遵守法律，解决法律
问题，降低法律风险。

4. 参与社会事务

具备法治素养的公民会更加积极地参与社会事务，包括政治、公共事务、
社会组织等，促进社会的发展与进步。

（二）法治教育适应社会需求的变化

1. 适应科技进步

随着科技的不断进步，社会将面临新的法律问题，如网络犯罪、隐私保
护等，法治教育需要不断更新内容，以适应新的法律挑战。

2. 适应社会多样性

社会的多样性要求法治教育更加包容和多元化，以满足不同群体的需
求，法治教育应强调对多元文化和多元法律体系的理解。

3. 适应全球化

全球化使国际法和国际事务更加重要，法治教育需要强调国际法和国际合作的重要性，培养具备国际视野的公民。

4. 适应社会变革

社会的不断变革需要法治教育关注社会问题，如环境保护、社会公益等，培养具备社会责任感的公民。

（三）法治教育与社会和谐、公平、正义的关系

1. 社会和谐

法治教育有助于培养守法公民，减少社会冲突和犯罪，促进社会和谐，法治教育也有助于增强公民的社会责任感，促进公民参与社会公益事业，促进社会和谐。

2. 社会公平

法治教育强调法律的平等和公平原则，有助于公民认识不平等现象，并积极参与争取社会公平的行动，法治教育也可以提供法律途径，帮助弱势群体维护自己的权益。

3. 社会正义

法治教育培养公民对正义的理解和追求，使他们更加关注社会不正义现象，并积极参与维护社会正义的活动，法治教育有助于公民成为社会正义的捍卫者。

法治教育与社会需求之间存在紧密的契合关系，法治教育有助于维护社会秩序、促进公平与正义、提高法律素养、增强社会和谐、公平与正义。为了更好地满足社会需求，法治教育需要适应社会变化、强调多维度培养、注重实际应用、鼓励社会参与和互动、更新教育内容、注重跨学科教育和国际视野的培养。社会的和谐、公平与正义需要具备法治素养的公民来维护和推动，法治教育是培养这一类公民的关键途径。通过教育的不断改进和创新，

法治教育将更好地满足社会需求，为社会的可持续发展和进步作出贡献。

第二节　大学生法治素养培育中的教育资源不平衡

一、教育资源分配的问题与不平等

教育资源分配是一个社会中关键的议题，涉及如何分配有限的资源以支持各级教育机构和教育项目。然而，教育资源分配常常面临不平等和不公正的问题，这不仅影响着教育的质量，还影响着社会的公平和发展。以下将探讨教育资源分配的问题与不平等，包括资源分配不平等现象、不平等的原因、不平等对教育的影响，以及改善教育资源分配的途径。

（一）教育资源分配不平等现象

1. 地区不平等

在许多国家，城市地区通常比农村地区拥有更多的教育资源，包括更好的学校、更多的教师和更多的教育设施，这导致了城乡教育资源的不平等。

2. 贫富差距

富裕地区的学校往往有更多的教育资源，包括先进的教育技术、更多的体育设施和更好的图书馆。相比之下，贫困地区的学校通常面临资源短缺问题。

3. 种族和族群不平等

某些种族和族群可能面临更多的教育资源不平等，包括差别待遇和不公平的机会，这可能导致种族和族群之间的学业成绩差距。

4. 性别不平等

在一些社会，性别不平等导致女性学生面临更少的教育资源和机会，这包括根据性别分配的课程、师资和教育机会。

（二）教育资源分配不平等的原因

1. 缺乏财政支持

教育资源的分配与地方和中央政府的财政状况有关，贫困地区通常没有足够的财政支持来提供高质量的教育资源。

2. 地方政府管理问题

地方政府对教育资源的分配有很大的控制权，这可能导致资源的不公平分配，因为不同地方政府的决策可能存在差异。

3. 社会偏见问题

种族、性别和社会地位的偏见也可能导致资源的不平等分配，某些群体可能受到不公平的待遇。

4. 政策问题

一些国家的教育政策可能存在问题，导致不平等，例如，缺乏监管和透明度可能导致资源的不公平分配。

（三）不平等对教育的影响

1. 低质量的教育

教育资源分配不平等可能导致某些学校和地区的教育质量较低，因为他们无法提供足够的教育资源和支持。

2. 教育差距扩大

资源不平等可能导致富裕学生和贫困学生之间的教育差距扩大，这加剧了社会不平等。

3. 社会流动性减少

教育资源的不平等可能限制了社会的流动性，因为贫困学生无法获得与富裕学生同等的机会。

4. 社会紧张和冲突

资源分配的不平等可能导致社会紧张和冲突，因为人们感到不满和不公平。

（四）改变教育资源分配的途径

1. 公平的财政支持

政府应确保所有学校获得公平的财政支持，无论地理位置或学校的社会背景如何。

2. 透明的政策和监管

政府应制定透明的政策，确保资源的分配是公平和公正的，监管机构应对资源分配进行监督。

3. 教育资源的优化利用

教育机构应更好地利用现有的资源，确保资源得到充分利用，以提供高质量的教育。

4. 社会参与

社会应参与决策过程，以确保资源分配是公平和公正的，公众可以通过监督、反馈和抗议来影响政策。

5. 反对偏见和歧视

政府和社会应积极反对种族、性别和社会地位的偏见和歧视，以确保资源得到平等分配。

（五）未来展望

不平等分配教育资源不仅影响教育的质量，还影响社会的公平和发展。为了解决这一问题，政府和社会应采取一系列措施，包括公平的财政支持、透明的政策和监管、教育资源的优化利用、社会参与及反对偏见和歧视。只有通过这些努力，才能实现更加公平和平等的教育资源分配，促进社会的发展和进步。

解决教育资源分配不平等问题需要长期而持续的努力。未来，应该关注以下几个方面。

1. 数据和研究

需要加强数据收集和研究，以更好地了解资源分配的不平等现象，并评估政策的效果，这将有助于制定更加精确的政策。

2. 教育改革

教育体制需要不断改革，以促进资源的有效利用，减少浪费，并确保资源更好地用于学生的教育。

3. 社会参与

社会需要积极参与教育资源分配的决策过程，监督政府和教育机构，确保资源分配的公平和公正。

4. 国际合作

不平等问题不仅存在于一个国家，还会跨越国界，国际合作可以帮助解决资源分配不平等的全球性挑战。

总之，教育资源分配的不平等是一个重要的社会问题，对教育和社会的发展会产生深远影响。只有通过政府、社会和教育机构的共同努力，才能实现更加公平和平等的教育资源分配，促进社会的公平和进步。这需要长期的承诺和坚定的决心，但它是值得追求的目标，将使更多的人受益，推动社会的可持续发展。

二、地区差异与教育资源分配的关系

地区差异与教育资源分配之间存在密切的关系，教育资源的分配往往不均衡地分布在不同地区，导致了地区之间的教育差异，这种不均衡分配不仅限制了学生的学习机会和教育质量，还在很大程度上影响了社会的公平和发展。以下将探讨地区差异与教育资源分配之间的关系，包括地区差异的表现、不均衡分配的原因、影响，以及改善教育资源分配的途径。

（一）地区差异的表现

地区差异在不同国家和地区表现出多样性，包括但不限于以下几个方面。

1. 师资力量

一些地区可能拥有更多的高素质教师，而其他地区可能面临教师资源短缺问题，这导致了地区之间的教育质量差异。

2. 学校设施

城市中的学校通常拥有更好的学校设施，如现代化的教室、图书馆、实验室等，而农村地区的学校可能存在设备较差的问题。

3. 教材和课程

一些地区可以提供更丰富和多样化的教材和课程，而其他地区可能面临教育资源有限的问题。

4. 学生学业水平

由于资源差异，学生的学业水平在不同地区之间存在显著差异。

（二）不均衡分配的原因

1. 财政支持不足

地区差异的一个主要原因是政府财政支持的不均衡分配。城市地区通常拥有更多的财政资源，能够投入更多的资金用于教育，而贫困地区则无法提供足够的财政支持。

2. 政策和决策

政府政策和地方政府的决策对教育资源的分配起着至关重要的作用。不同地方政府的决策可能导致资源分配的不公平。

3. 地区经济差异

不同地区之间的经济差异也是造成教育资源不均衡分配的原因之一，经济相对繁荣的地区更容易获得额外的资源。

4. 社会偏见和歧视

社会偏见和歧视也可能导致教育资源的不平等分配。某些地区可能因为社会地位、种族或性别等原因而受到不公平对待。

（三）不均衡分配对教育的影响

1. 教育质量差异

不均衡的资源分配导致了不同地区的教育质量差异，一些地区的学生无法获得高质量的教育。

2. 社会不公平

资源不均衡分配增加了社会不公平，那些在资源匮乏地区的学生更难获得优质教育，这进一步加剧了社会分层和不平等。

3. 地区经济发展

不均衡的资源分配可能影响地区的经济发展，缺乏高质量教育的地区可能无法吸引和留住人才，从而影响了地区的经济增长。

4. 社会和谐

不均衡的资源分配可能导致社会不和谐，那些感到不公平待遇的地区和群体可能会采取抗议和抵制行动，影响社会和谐。

三、教育资源整合与共享的实践与效果

教育资源整合与共享是一种提高教育效益和质量的策略，它通过整合和共享各种资源，包括教师、设施、技术和教材，以满足学生的需求，这一策略旨在更好地利用有限的教育资源，提供更多的机会，提高教育质量，并降低成本。以下将探讨教育资源整合与共享的实践与效果，包括实施这一策略的方式、取得的成果，以及未来的展望。

（一）教育资源整合与共享的实践

1. 跨校合作

学校可以通过合作共享资源，如教材、教师培训和体育设施，这种合作有助于提高资源利用率，同时扩大学生的学科选择。

2. 在线教育平台

在线教育平台提供了一个跨学校和跨地区共享教育资源的途径。学生可以通过互联网获得来自世界各地的知识和教材。

3. 区域教育中心

建立区域性的教育中心，为多个学校提供共享资源和培训，这有助于提高师资质量和提供专业发展机会。

4. 资源整合政策

政府可以通过资源整合政策鼓励学校和学区共享资源，包括财政奖励和支持资源整合的法律框架。

（二）教育资源整合与共享的效果

1. 提高资源利用效率

通过资源整合与共享，学校和学区能够更好地利用有限的资源，减少浪费，降低成本。

2. 扩大学生选择

学生可以获得更多的学科和课程选择，提高他们的学术经验和职业发展机会。

3. 提高教育质量

共享资源可以带来更多的专业培训和师资支持，提高教育质量。

4. 促进教育创新

通过资源整合与共享来鼓励创新，学校可以尝试新的教育方法和技术，提供更好的学习体验。

5. 降低不平等

资源整合与共享有助于减少不同学校和地区之间的不平等，确保每个学生都有平等的获得教育的机会。

（三）实践案例

1. 芬兰教育系统

芬兰的教育系统采用了资源整合与共享的方法，学校之间共享最先进的教育技术和教材，这有助于提高教育质量，减少资源浪费。

2. 新加坡教育系统

新加坡的教育系统建立了多功能教育中心，提供跨校共享资源的机会，这有助于提高学生的学科选择和教育质量。

3. 美国在线教育平台

美国的在线教育平台提供了全国范围内的教育资源共享机会，学生可以通过互联网获得来自不同地区的课程和知识。

（四）未来展望

未来，教育资源整合与共享将继续发展和壮大，以下是一些未来展望。

① 技术整合：随着技术的不断发展，教育资源整合与共享将更多地依赖于在线和数字化平台，这将扩大资源共享的范围和便利性。

② 国际合作：国际合作将在资源整合与共享领域发挥更大作用，学校和教育机构将与国际伙伴合作，共享跨国教育资源。

③ 政府政策支持：政府将继续制定政策，支持和鼓励资源整合与共享，这将包括财政奖励和法律框架的建立。

④ 教育创新：资源整合与共享将鼓励教育创新，学校将尝试新的教育方法和技术，提供更好的学习体验。

第三节　大学生法治课程的设计与实施问题

一、大学生法治课程设置与内容体系的构建

大学生法治教育的目标是培养具备法治素养和法治思维的高校学生，使他们能够更好地适应法治社会并为社会发展作出积极贡献的重要组成部分，为了实现这一目标，大学需要建立完善的法治课程设置和内容体系。以下将探讨大学生法治课程的设置与内容体系的构建，包括课程的设计原则、核心内容、教育方法等方面的要点。

（一）课程设置原则

1. 多元化

大学生法治课程应涵盖多个领域，包括《中华人民共和国宪法》《中华人民共和国行政处罚法》《中华人民共和国刑法》等，以便学生能够全面了解法律体系。

2. 渐进性

课程设置应具有逐级递进的特点，从基础到深入，逐步增加知识和技能的复杂性，以满足不同年级学生的需求。

3. 实践性

法治教育不仅是理论的传授，还需要注重实践性，包括模拟法庭、案例分析、实地考察等教育方法，帮助学生将理论知识应用到实际情境中。

4. 跨学科

法治课程应与其他学科互相融合，以使学生能够了解法律与社会、政治、经济、伦理等领域之间的关系。

5. 社会参与

课程设计应鼓励学生参与社会活动和法律实践，培养其法治思维和公民意识。

（二）核心内容体系

1. 法律体系

学生应熟悉国家的法律体系。

2. 法治思维

课程的基础应包括法治思维的教育，使学生理解《宪法》的重要性及法治思维的核心概念。

3. 法律实践技能

课程还应培养学生的法律实践技能，包括法律文书写作、法律研究、法律倡导等方面的技能。

4. 伦理和道德

大学生法治教育不仅是对法律知识的传授，还包括伦理和道德的教育，帮助学生形成正确的法治伦理观念。

5. 国际法和跨国法

全球化时代，学生也应了解国际法和跨国法的基本原理，以更好地理解国际关系和全球法治。

（三）教育方法

1. 互动教学

采用互动式教学方法，包括小组讨论、辩论、案例研究等，以鼓励学生积极参与，提高他们的思维能力。

2. 实践体验

通过模拟法庭、实地考察、法律实习等实践活动，使学生能够将理论知识应用到实际情境中。

3. 综合评估

采用综合评估方法，包括考试、论文、口头报告、法律项目等，以全面评价学生的法治素养。

4. 社会参与

鼓励学生积极参与社会活动和法律实践，培养其公民责任感和法治意识。

（四）师资队伍建设

为了成功开展大学生法治课程，大学需要建立强大的师资队伍。这包括拥有丰富法律实践经验的教师和法学专家，以及具备教育教学技巧的教育工作者。师资队伍的培训和发展也是关键因素，以确保他们能够提供高质量的法治教育。

（五）课程评估与改进

课程的定期评估和改进是必不可少的。学校应建立反馈机制，包括学生评价、校外专家评估等，以了解课程的效果和不足之处，根据评估结果，进行必要的改进，以不断提高法治课程的质量和实效性。

大学生法治教育是建设法治社会的重要环节，为此，大学需要建立完善的法治课程设置与内容体系，这一体系应基于多元化、渐进性、实践性、跨学科、社会参与等原则。教育方法应采用互动教学、实践体验、综合评估和社会参与等方式。师资队伍建设至关重要，教师需要具备法律专业知识和教育教学技巧，他们应接受定期的培训，以保持教育水平。此外，课程的评估和改进是不可或缺的，通过反馈机制来不断提高法治课程的质量和适应性。

通过建立完善的法治课程设置与内容体系，大学能够为学生提供全面的法治教育，使他们在法治社会中具备必要的知识、技能和思维能力，这有助于培养法治公民，推动社会的法治进程，并为国家的可持续发展作出积极贡献。

在未来，大学应不断关注社会和法律领域的发展，及时调整和完善法治课程，以适应不断变化的社会需求。同时，大学还应积极参与教育改革和社会发展，与政府、社会机构和行业合作，促进法治教育的进一步发展和提高。通过坚持法治教育的重要性，大学可以更好地履行其社会责任，培养出更多具备法治素养的优秀学生。

二、大学生法治教学方法与教材的优化

大学生法治教育是培养法治素养和法治思维的重要途径，对于学生的综合素质提升和社会参与具有重要意义，为了实现更有效的法治教育，需要不断优化教学方法和教材。以下将探讨大学生法治教学方法与教材的优化，包括创新的教育方法、内容体系的重构、教材的开发等方面的要点。

（一）创新的教育方法

1. 案例教学

案例教学是一种强调实际案例分析的教学方法，可以帮助学生将法律理论与实际情况相结合，通过分析真实案例，学生能够更好地理解法律原则和其在社会中的应用。

2. 角色扮演

角色扮演是一种互动教学方法，通过模拟法庭、辩论等活动，学生可以扮演不同角色，了解法律程序和法庭规则，提高法律实践技能。

3. 小组讨论

小组讨论是一种鼓励学生合作和交流的方法，可以帮助他们深入思考法

律问题，分享观点，并从他人的经验中学习。

4. 在线学习

随着技术的发展，在线学习平台提供了一个便捷的途径，使学生可以在任何时间和地点学习法律知识。这种灵活性有助于满足不同学生的需求。

5. 实地考察

实地考察是一种将学生带到法律实践场景的方法，使他们可以亲身体验法律的运作和应用，加深对法律实践的理解。

（二）内容体系的重构

1. 跨学科融合

法治教育应融合多个学科，包括法学、政治学、伦理学、社会学等，以帮助学生更好地理解法律与其他领域的关系。

2. 实际案例

内容体系应注重实际案例的引入，以便学生能够将理论知识应用到实际问题中。这有助于提高教育的实用性。

3. 伦理和社会责任

法治教育应包括伦理和社会责任的教育，帮助学生形成正确的法治伦理观念。

4. 国际法和全球视野

全球化时代，法治教育还应包括国际法和全球法治的内容，使学生具备更广泛的法治视野。

5. 法律实践技能

内容体系应包括培养法律实践技能的部分，如法律文书写作、法庭辩论、法律研究等。

（三）教材的开发与更新

1. 开发多样化教材

开发多样化的教材，包括教科书、案例集、在线资源、视频材料等，以满足不同学生的需求。

2. 及时更新教材

法律领域在不断发展和演变，教材需要及时更新，以反映最新的法律法规和案例。教师应积极追踪最新发展，并调整教材。

3. 使用开放教材

推动开放教材的使用，以提高教材的可访问性并降低学生的教材成本。

4. 开发互动教材

开发互动教材，包括在线练习、模拟法庭案例、自测题等，以为学生提供更多的互动学习机会。

（四）师资队伍的培训与发展

教师是法治教育的重要组成部分，需要不断提升他们的法律知识和教育教学技能，大学应制订师资培训和发展计划，包括法律研讨会、教育方法研讨会、实践经验分享等，以提高教师的教育水平。

（五）课程评估与反馈

为了不断优化大学生法治教育，需要建立有效的课程评估和反馈机制。学校可以通过学生评估、同行评审、校外专家评价等方式，了解课程的效果和不足之处，以便进行必要的改进。

（六）社会参与与实践活动

鼓励学生积极参与社会活动和法律实践，提高他们的法治素养，学校可以组织法律实习、社区服务、模拟法庭等活动，以丰富学生的法治教育经验。

大学生法治教育的优化是提高教育效益和质量的重要一环，为学生提供必要的法治素养和法治思维。为实现这一目标，创新的教育方法、内容体系的重构、教材的开发与更新、师资队伍的培训与发展、课程评估与反馈，以及社会参与和实践活动都是不可或缺的要素。通过这些努力，大学可以更好地满足学生的需求，提供高质量的法治教育，培养具备法治素养的优秀公民，为推进社会的法治进程和可持续发展作出积极贡献。

在未来，大学应继续关注法治领域的发展和变化，灵活调整教学方法和内容，以适应不断变化的社会需求。与此同时，大学还应积极参与法治教育的改革和创新，与政府、社会机构和行业合作，共同推动法治教育的进一步发展和提高。通过坚持不懈的努力，大学可以不断提高法治教育的质量和效益，为学生的综合素质提升和社会的法治建设贡献力量。

三、大学生法治跨学科课程的挑战与整合

法治教育在大学课程中具有重要地位，旨在培养学生的法治素养、法治思维和法治能力。然而，法治并非孤立存在，而是与各个领域密切相关。因此，跨学科教育在大学生法治教育中扮演着关键的角色。以下将探讨大学生法治跨学科课程的挑战与整合，包括跨学科教育的必要性、挑战因素、整合方法等方面的要点。

（一）跨学科教育的必要性

1. 反映现实法治需求

法治问题通常涉及多个领域，如法学、政治学、经济学、伦理学。跨学科教育可以更好地反映现实社会中的复杂法治需求。

2. 促进全面思考

跨学科教育鼓励学生全面考虑问题，帮助他们从不同角度审视法治议

题，培养跨领域思维。

3. 提高问题解决能力

跨学科教育有助于培养学生解决复杂法治问题的能力，因为这些问题通常不仅属于一个学科领域。

4. 提供丰富视角

跨学科课程能够让学生接触到不同学科领域的知识和观点，丰富他们的学术经验。

（二）挑战因素

1. 学科壁垒

不同学科领域之间的壁垒和术语差异可能导致教育过程中的沟通和理解困难。

2. 教育资源分配

跨学科课程需要整合多个学科领域的资源，包括师资和教材，这可能会增加教育资源分配的难度。

3. 学生需求多样性

学生的法治教育需求多种多样，不同学生的兴趣和背景各不相同，如何满足这种多样性的需求也是一个挑战。

4. 教师培训

教师需要接受跨学科教育的培训，以有效地传授多学科知识和启发学生的跨学科思维。

（三）整合方法

1. 跨学科团队教学

建立由不同学科领域的教师组成的团队，共同设计和教授跨学科课程，这有助于整合各学科的知识和教育经验。

2. 学科之间的桥梁课程

设计桥梁课程，将不同学科的知识有机结合，为学生提供跨学科视角，这些课程可以作为学生深入学习的基础。

3. 实际案例分析

通过实际案例分析，使学生能够在不同学科背景下运用知识，深化他们的理解。

4. 互动式教学

采用互动教学方法，如小组讨论、辩论、角色扮演等，帮助学生进行跨学科合作，共同解决复杂问题。

5. 实践体验

组织实践体验活动，如模拟法庭、法律实习、社区服务等，使学生在实际情境中运用跨学科知识。

（四）评估与反馈

建立有效的评估和反馈机制，包括学生评价、同行评审、校外专家评估等，以了解跨学科课程的效果和不足之处，根据评估结果，进行必要的改进和优化。

（五）社会合作与实践

与社会机构、法律机关、企业和非政府组织合作，为学生提供参与法律实践和研究的机会，这有助于学生将理论知识应用到实际问题中，并培养跨学科思维。

通过不断优化和发展跨学科法治教育，大学可以更好地满足学生的需求，为社会的法治建设和可持续发展作出贡献。在未来，大学应继续关注法治教育的发展趋势，灵活调整教育方法和内容，以适应不断变化的社会需求。

通过坚持不懈的努力，大学可以不断提高法治教育的质量和效益，为学生的综合素质提升和社会法治进程的推进贡献力量。

第四节　大学生法治实践教育面临的挑战

一、大学生法治实践项目设计与管理的难点

法治实践项目是大学生法治教育的重要组成部分，旨在培养学生的法治素养和法治实践能力。然而，设计与管理这些项目并不容易，面临着一系列挑战。以下将探讨大学生法治实践项目设计与管理的难点，包括项目策划、资源管理、学生参与、评估与可持续性等方面的要点。

（一）项目策划与设计的难点

1. 明确目标

确定项目的具体目标和预期成果是一项重要但具有挑战性的任务，项目策划需要确保项目的目标明确、可衡量，以便评估项目的效果。

2. 项目内容的选定

选择合适的法治实践内容，以满足学生的需求和社会的法治教育要求，需要在多个领域的法治知识之间取得平衡。

3. 项目时长与安排

安排项目的时间和时长是一个挑战，需要充分考虑学生的课程安排和其他学术活动。

4. 合作伙伴的选择

与外部合作伙伴合作可能涉及合同、法律责任和资源分配等问题，需要仔细选择合适的伙伴。

（二）资源管理与获取的难点

1. 经费问题

法治实践项目通常需要资金支持，包括交通、住宿、材料等费用，经费的获取和管理是一个挑战，特别是对于资金有限的学校。

2. 师资和人力资源

招募和培训项目负责人和导师也是一个难点，需要确保他们具备足够的法治知识和管理经验。

3. 项目场地和设备

提供适当的项目场地和必要的设备，如会议室、计算机、法律文献等，也需要妥善管理。

（三）学生参与与激励的难点

1. 学生招募

吸引足够数量的学生参与项目是一个挑战，因为学生可能有不同的兴趣和时间限制。

2. 学生参与度

鼓励学生积极参与项目，确保他们认真完成任务和项目要求也是一项挑战。

3. 学生激励与奖励

促进学生参与需要设计有效的激励机制，如奖学金、荣誉证书、学分等，以鼓励学生参与和表现优异。

（四）项目评估与效果的难点

1. 评估方法

选择合适的评估方法，以评估项目的效果和学生的学习成果是一个复杂的任务，常用的评估方法包括问卷调查、面试、项目报告、自评等。

2. 效果的可见性

法治实践项目的效果通常是长期的，需要时间来显现。因此，如何在短期内衡量项目的效果并传达给相关利益相关者是一个挑战。

3. 项目改进

根据评估结果，对项目进行必要的改进和调整也需要合理的方法和资源。

（五）项目的可持续性

1. 资源持续获取

确保项目能够持续运行需要解决资源获取的问题，包括经费、师资和场地。

2. 学生参与的可持续性

如何确保学生在项目结束后继续积极参与法治实践是一个挑战，需要建立长期的学生参与计划。

3. 社会影响力的可持续性

法治实践项目的长期影响力和社会效益也需要考虑，以确保项目的可持续性。

（六）项目风险管理

1. 法律风险

项目可能涉及法律风险，如法律责任、合同纠纷等。因此，需要建立法律咨询和风险管理机制。

2. 安全问题

保障学生和工作人员的安全，尤其是在一些复杂或危险的法治实践项目中，是一个关键挑战。

（七）国际合作项目

1. 国际合作伙伴选择

国际合作项目需要选择合适的国际合作伙伴，涉及文化、法律体系、语言等差异，需要妥善管理。

2. 跨文化交流

促进学生的跨文化交流和理解也是一个挑战，需要设计合适的文化交流活动和培训。

（八）社会认可与合法性

1. 社会认可

确保项目得到社会的认可和支持，可能需要开展宣传和推广工作。

2. 合法性

确保项目的合法性，包括合同、法律规定和政策遵从，以避免法律纠纷和声誉损害。

大学生法治实践项目的设计与管理面临着一系列挑战与难点，包括项目策划与设计、资源管理与获取、学生参与与激励、项目评估与效果、项目的可持续性、项目风险管理、国际合作项目、社会认可与合法性等方面。为了克服这些挑战，大学可以采取一系列措施，具体如下。

① 明确定义项目目标与成果：在项目策划阶段明确定义项目的目标与成果，确保它们符合法治教育的要求。

② 资源筹措与管理：积极寻找项目经费来源，建立有效的资源管理体系，确保项目的可持续运行。

③ 学生招募与激励：采取多样化的方法吸引学生参与，设计有效的激励机制，提高学生的积极性。

④ 评估与反馈：建立定期的项目评估和反馈机制，以及时发现问题并采取改进措施。

⑤ 可持续性规划：在项目策划中考虑项目的可持续性，确保项目在项目周期结束后继续存在和发展。

⑥ 风险管理：建立风险管理机制，包括法律风险和安全风险，以减少潜在的问题和损害。

⑦ 国际合作项目管理：对于国际合作项目，需要选择合适的合作伙伴，进行跨文化交流培训，并明确合作细节。

⑧ 社会宣传与推广：积极宣传项目，争取社会的认可和支持，建立良好的声誉。

⑨ 法律合规性：确保项目合法合规，符合法律和政策规定，以避免法律问题的发生。

综合而言，大学生法治实践项目的设计与管理是一项复杂的任务，需要综合考虑多个因素。通过克服这些难点，大学可以提供更丰富的法治教育体验，培养学生的法治素养和实践能力，为他们综合素质的提升和社会法治进程的推动做出积极贡献。同时，不断总结经验教训，积极创新与改进，也是不断提高大学生法治实践项目质量的关键。

二、大学生法治实践与学业的平衡

法治实践是培养大学生法治观念和法治素养的重要途径，也是大学教育的一项重要内容。然而，大学生面临着来自学业和法治实践的双重压力。以下将探讨大学生在法治实践与学业之间的平衡，分析其挑战和机遇，并提出一些建议以促进这种平衡的实现。

（一）法治实践的重要性

大学生是国家的未来，他们的法治素养和社会责任感对社会的稳定和繁荣具有重要意义。

① 培养公民意识和社会责任感：法治实践可以让大学生更好地理解自己在社会中的角色，培养公民意识，增强社会责任感。

② 提高法律素养：通过实践，大学生可以更深入地了解法律制度和法律运作，提高法律素养。

③ 锻炼解决问题的能力：参与法治实践可以锻炼大学生解决问题的能力，培养其团队协作和沟通能力。

④ 推动社会进步：大学生可以通过参与社会问题的解决进行法治实践，推动社会的进步和发展。

（二）学业的压力

大学生面临着来自学业的巨大压力，包括学习、考试、论文等方面的任务，学业压力可能导致以下问题。

① 时间管理困难：大学生需要花费大量时间来应对学业任务，很难找到足够的时间参与法治实践。

② 焦虑和压力：学业压力可能导致焦虑和压力，影响大学生的身心健康。

③ 课业负担重：一些大学生可能面临太多的课业任务，无法分配时间进行法治实践。

（三）法治实践与学业的平衡

要实现法治实践与学业的平衡，大学生需要面对挑战并寻找机遇。

1. 挑战

① 时间管理：如何合理分配时间，既完成学业任务又参与法治实践。

② 焦虑和压力：如何避免学业压力导致的焦虑，同时积极参与法治实践。

③ 资源有限：大学生可能需要资源支持才能参与法治实践，如经济资

助、导师指导等。

2. 机遇

① 综合素养培养：大学通识教育可以提供跨学科的知识，帮助大学生更好地将法治实践与学业相结合。

② 校园资源利用：学校可以提供法律课程、社团组织、活动等资源，鼓励学生参与法治实践。

③ 导师指导：有经验的导师可以为大学生提供指导，帮助他们更好地平衡学业和法治实践。

（四）促进平衡的建议

为了帮助大学生实现法治实践与学业的平衡，有以下建议。

① 设立弹性课程时间：学校可以考虑为学生提供弹性的课程时间，以便他们有更多的时间参与法治实践。

② 鼓励跨学科合作：鼓励不同学科的学生合作参与法治实践项目，以实现综合素养培养。

③ 设立奖励机制：学校可以设立奖学金或奖励机制，鼓励学生积极参与法治实践。

④ 提供导师支持：为学生提供专业导师的支持，帮助他们规划和管理学业和法治实践。

⑤ 倡导自我管理：教育学生合理规划时间，培养自我管理和时间管理的能力。

法治实践与学业的平衡是大学生面临的一项重要挑战，但也是一项具有重要意义的任务。通过综合素养培养、校园资源利用、导师指导和奖励机制的建立，可以帮助大学生更好地实现这种平衡，培养更全面的人才，为社会的法治建设和进步作出贡献。因此，学校、教育机构、学生和社会都应积极合作，共同推动大学生法治实践与学业的平衡。

三、大学生法治实践活动对学生个人发展的影响

大学生法治实践活动对学生个人的成长和发展产生深远的影响。以下将探讨大学生法治实践活动对学生个人发展的影响，包括对法治观念的培养、社会责任感的强化、综合素养的提高，以及职业前景的改善。

（一）培养法治观念和法律素养

大学生法治实践活动有助于培养法治观念和法律素养，对学生个人的发展产生积极影响，具体如下。

① 加深对法治的理解：通过参与法治实践活动，学生更深入地了解法治的重要性和运作方式，培养了对法治的深刻理解。

② 提高法律素养：参与法治实践活动使学生更加熟悉法律制度，提高了法律素养，有助于合法维护自身权益。

③ 培养法治思维：通过法治实践，学生学会用法治的角度看待问题，具备更好的法治思维和分析问题的能力。

（二）强化社会责任感

参与法治实践活动还可以强化学生的社会责任感，使其更加积极参与社会事务，为社会作出更大的贡献。

① 感知社会问题：参与法治实践活动让学生亲身体验社会问题，更好地理解社会的需求和困难。

② 积极参与社会事务：通过法治实践，学生有机会积极参与社会服务、公益活动等，表现出更强烈的社会责任感。

③ 促进社会改善：大学生的法治实践活动可以参与社会问题的解决，

推动社会的改善和进步。

（三）提高综合素养

大学生法治实践活动也有助于提高学生的综合素养，培养他们的团队合作、沟通和解决问题的能力。

① 团队合作能力：参与法治实践活动通常需要团队合作，学生可以锻炼协作和团队管理的技能。

② 沟通能力：法治实践活动要求与各种人群进行有效的沟通，培养了学生的沟通技巧。

③ 解决问题的能力：面对法律和社会问题，学生需要具备解决问题的能力，培养批判性思维和判断能力。

（四）改善职业前景

参与法治实践活动对学生的职业前景也有积极影响，这种经验可以增强学生的竞争力，为他们的职业生涯带来更多机会。

① 职业发展：在求职过程中，拥有法治实践经验的学生更容易受到雇主的青睐，因为他们具备法律素养和社会责任感。

② 扩展人际关系：参与法治实践活动可以扩展学生的社交圈子，建立重要的职业联系，对职业发展有利。

③ 专业发展：对于想从事法律、政策制定或社会服务领域的学生来说，法治实践活动是宝贵的实践经验。

（五）个人成长和发展的综合影响

大学生法治实践活动对学生个人的成长和发展有综合性影响，包括以下方面。

① 自信心：通过法治实践，学生克服了挑战，获得了成就感，增强了自信心。

② 领导力：一些法治实践项目可以锻炼学生的领导技能，为他们未来的领导角色做好准备。

③ 社交技能：与不同背景的人合作和互动，提高了学生的社交技能和跨文化沟通能力。

④ 自我意识：参与法治实践活动有助于学生更好地了解自己的兴趣、价值观和职业目标。

（六）个人发展的挑战与应对

尽管大学生法治实践活动对个人发展有许多积极影响，但也会面临一些挑战。为了应对这些挑战，学生可以采取以下措施。

① 合理规划时间：学生可以制定详细的时间表，合理安排学业和法治实践，确保充足的时间用于两者。

② 寻求支持：学生可以寻求导师、辅导员或同学的支持和建议，以解决学业和法治实践方面的问题。

③ 灵活性：学生可以在学业任务和法治实践之间灵活切换，根据需要合理调整自己的日程安排。

大学生法治实践活动对学生的个人发展具有深远的影响，它有助于培养法治观念和法律素养，强化社会责任感，提高综合素养，改善职业前景，以及促进个人成长和发展。尽管面临一些挑战，但通过合理规划时间、寻求支持和保持灵活性，学生可以更好地平衡学业和法治实践，实现个人成长和社会价值的双赢。因此，鼓励大学生积极参与法治实践活动，为他们的未来和社会的发展创造更多机会和可能性。这些经验将帮助他们在日后的职业生涯中成为更有影响力和使命感的公民。

第五节　大学生法治教育的师资队伍建设问题

一、大学生法治师资队伍的素质要求

随着社会的不断发展和法治意识的日益增强，大学生法治教育的重要性逐渐凸显。大学生法治教育需要合格的法治师资队伍，以确保教育的质量和效果。以下将探讨对大学生法治师资队伍的素质要求，包括专业知识、教育技能、道德素养和创新能力等方面。

（一）专业知识

1. 法律知识

法治师资队伍需要具备坚实的法律知识，他们应该了解国家法律体系，能够对法律问题进行准确的解释和分析。

2. 法治理论

法治师资队伍需要了解法治理论，包括法治原则、法治精神等，以便能够向学生传授法治观念和法治思维。

3. 实践经验

具备法律实践经验的师资更容易向学生传授实际操作的技能，帮助他们更好地理解法律与社会的关系。

（二）教育技能

1. 教学方法

法治师资队伍需要掌握多种教学方法，包括讲座、案例分析、小组讨论等，以满足不同学生的学习需求。

2. 课程设计

他们应该具备课程设计和教材编写的能力，能够开发符合法治教育需求的教材和课程。

3. 学生关怀

了解学生需求，关心他们的学习和成长，提供个性化的教育支持，帮助他们得到充分发展。

（三）道德素养

1. 操守和诚信

法治师资队伍需要秉持高度的操守和诚信，为学生树立道德榜样，教育学生遵守法律和社会规范。

2. 尊重多元文化

尊重多元文化和价值观，不偏袒或歧视任何特殊群体，促进法治教育的包容性和公平性。

3. 维护法治精神

坚守法治精神，维护法治原则，不容忍违法行为，培养学生的法治意识和道德判断力。

（四）创新能力

1. 更新教育方法

法治师资队伍需要不断更新教育方法和教材，以适应社会变化和学生需求的变化。

2. 跨学科教育

鼓励跨学科教育，帮助学生将法治观念与其他学科相结合，拓展思维广度。

3. 实践创新

支持教师参与法治实践活动，积累实践经验，以更好地教育学生。

（五）社会责任感

1. 服务社会

法治师资队伍应该积极参与社会服务和公益活动，以身作则，为学生树立社会责任感的榜样。

2. 培养学生社会责任感

通过教育，帮助学生认识到他们的社会责任，激发他们积极参与社会事务的意愿。

（六）不断学习和专业发展

1. 继续教育

法治师资队伍需要积极参与继续教育，不断提升自身的专业知识和教育技能。

2. 研究与发展

参与法治研究和学术发展，为法治教育提供前沿的理论和实践支持。

（七）个人素养

法治师资队伍需要具备优秀的个人素养，包括责任感、批判性思维、沟通能力、团队合作精神、适应力等，这些素质有助于他们更好地履行法治教育的使命。

（八）关注学生个体差异

法治师资队伍需要理解学生的个体差异，包括文化背景、学习能力、兴趣等，以更好地满足不同学生的需求，提供个性化的教育支持。

只有具备高水平素质的师资队伍，才能够为学生提供更丰富、更有效的法治教育，培养更多积极参与社会建设和法治建设的公民，促进社会的法治进步和发展。

二、大学生法治师资队伍的培训与发展

法治教育是培养公民法治素养的重要途径，也是国家建设法治国家的必由之路。在中国，大学生法治教育的开展已成为高等教育的一个重要组成部分，其核心任务之一是培养大学生的法治意识和法治素养，使他们具备良好的法治素质和法律知识，成为社会主义法治建设的积极参与者和推动者。而大学生法治师资队伍的培训与发展是法治教育的重要保障，为了更好地实现法治教育的目标，必须注重大学生法治师资队伍的培训与发展，不断提高其素质和水平。

（一）大学生法治师资队伍的现状

目前，我国大学生法治师资队伍的整体水平存在一些问题，主要表现在以下几个方面。

① 师资不足：虽然在高校中开展了一些法治教育课程，但合格的法治教师相对不足。由于法治教育的特殊性，需要教师具备较丰富的法律知识和较好的教育能力，而目前许多高校缺乏经验丰富的法治教师。

② 教学内容不够实践：一些法治教师过于侧重理论，缺乏实际案例和生活经验的教学内容，导致学生对法治教育的学习兴趣不高。

③ 教师培训不足：教师的法治培训相对不足，缺乏系统的法治教育培训机制，教师在法治教育领域的专业素养有待提高。

④ 法治教育资源不均衡：在一些地区，尤其是一些基层高校，法治教育资源相对匮乏，无法提供充分的师资力量和教材资源。

大学生法治师资队伍的培训与发展亟待加强，以满足法治教育的需求，

提高大学生法治素养的质量。

（二）大学生法治师资队伍培训的必要性

1. 法治师资队伍是法治教育的核心力量

法治教育的质量和效果与法治师资队伍的素质和水平密切相关，只有拥有高水平的法治师资队伍，才能够为学生提供高质量的法治教育。

2. 法治师资队伍的培训有助于提高法治素养

通过培训，教师可以不断提高自身的法治素养，进而能够更好地传授法治知识和法治思想给学生，帮助他们树立正确的法治观念。

3. 法治师资队伍的培训有助于提高法治教育的吸引力

具备高水平的法治师资队伍可以为学校和法治教育项目吸引更多的资源和支持，提升法治教育的地位和影响力。

4. 法治师资队伍的培训有助于建设法治国家

法治教育是建设法治国家的基础工程，只有培养出更多的法治师资队伍，才能够更好地推动法治建设进程。

（三）大学生法治师资队伍培训的挑战

在大学生法治师资队伍的培训与发展过程中，也会面临一些挑战，具体如下。

① 教师素质不均衡：有些高校教师素质较高，而有些则较低。

② 法治师资队伍培训资源不足：一些地区和高校缺乏法治师资队伍培训资源。

③ 法治教育教材不足：目前，缺乏全面的适用于各个层次和领域的法治教育教材。

④ 法治教育质量难以评估：法治教育的质量难以量化和评估，需要建

立有效的评估机制。

⑤ 法治师资队伍的激励问题：一些教师可能因法治教育工作辛苦和回报较低而缺乏积极性。

大学生法治师资队伍的培训与发展是法治教育的关键环节，对提高学生法治素养、建设法治国家具有重要意义。为了应对现实挑战，需要采取多方面的措施，通过不断加强大学生法治师资队伍的培训与发展，可以提高我国法治教育的质量，培养更多的法治意识强烈、法律素质高、法治素养深厚的大学生，为国家的法治建设和社会的进步作出积极贡献。

（四）大学生法治师资队伍培训的途径和方法

为了提高大学生法治师资队伍的素质和水平，可以采取以下途径和方法。

1. 开设法治教育专业

高校可以设立法治教育专业，培养出更多的法治教师。这些专业应该包括法学知识、教育学知识，以及实践教学经验的培训，使学生能够全面掌握法治教育的相关内容。

2. 专业发展与提升

高校可以为现有的法治教师提供进修和继续教育的机会，使他们能够不断提高自己的法治素养和教育水平。这可以通过举办研讨会、讲座、研究项目等途径来实现。

3. 与培训机构合作

高校可以与法治培训机构合作，利用外部资源为教师提供培训和教育支持。这些培训机构通常具有丰富的法治教育资源和经验，可以为大学生法治师资队伍的培训提供宝贵的帮助。

4. 加强实践教学

法治教育应该与实际生活和社会问题相结合，以便更好地激发学生的兴趣。教师应该加强实践教学，引入真实案例和法治活动，帮助学生将理论知识应用到实际情境中，提高他们的法治素养。

5. 开发教材资源

高校可以鼓励教师和研究人员积极开发法治教育教材，以满足不同层次和领域的法治教育需求。这些教材应该包括案例分析、实际问题探讨和互动教学等元素，以提高学习的趣味性和深度。

6. 制定激励政策

高校可以制定激励政策，鼓励教师参与法治教育和法治师资队伍的培训。这可以包括奖励制度、晋升机制和学术研究项目的支持，以提高教师的积极性和投入度。

7. 建立评估与监督机制

建立健全的教师绩效评估和监督机制，确保教师的法治教育质量和水平得到有效监督和改进。这可以包括学生评价、同行评审和外部评估等手段。

8. 开展国际交流与合作

与国际法治教育领域的高校和机构进行交流与合作，分享经验和资源，吸取国际法治教育的先进理念和方法，有助于提高我国大学生法治师资队伍的素质。

三、师资队伍与法治教育质量的关系

法治教育是培养公民法治素养、促进法治社会建设的重要途径。而法治教育的质量直接受到师资队伍的素质和水平的影响。在我国，大力发展法治教育已成为国家战略，因此，深入探讨师资队伍与法治教育质量之间的关系，对于促进法治建设和公民法治素养的提高具有重要意义。师资队伍对法治教育质量的影响具体如下。

1. 教育质量取决于教师的水平

师资队伍的素质和水平直接影响到法治教育的质量，教师在法治教育中担任教育、引导和示范的重要角色，他们的法治素养、教育理念、教育能力等方面的水平决定了学生法治素养的培养效果。高水平的教师能够更好地传授法治知识、培养法治思维，激发学生的法治兴趣，推动法治教育质量的提高。

2. 师资队伍的结构对多元化法治教育有益

法治教育不仅是传授法律知识，还包括培养法治意识、法治精神和法治道德。一个多元化的师资队伍，包括法学专业教师、教育学专业教师、社会科学领域专家等，有助于提供多角度、全方位的法治教育。不同领域的专家可以结合自身专业特点，为法治教育增添多元化元素，丰富教育内容，提高法治教育的质量。

3. 师资队伍的法治素质直接影响法治教材和教学内容的选择

师资队伍的法治素质会直接影响他们选择的法治教材和教学内容，高水平的教师能够更好地理解、筛选和创造符合法治教育要求的教材和内容，确保学生接受到权威、全面的法治教育。反之，低水平的教师可能选择低质量、不合适的教材，影响法治教育的质量。

4. 教师的教育方法和教学风格对法治教育效果产生重要影响

师资队伍的培训水平和教育能力，决定了他们的教育方法和教学风格，高水平的教师可以采用多种教学方法，如案例教学、角色扮演、小组讨论，使法治教育更加生动有趣、引人入胜，激发学生的积极参与。相反，低水平的教师可能仅仅重复教科书内容，导致法治教育呆板和无趣。

5. 教师的法治素养影响学生的法治兴趣和态度

教师的法治素养和法治精神，常常会在无形中传递给学生，高水平的教师积极参与社会法治实践、具备法治责任感和担当精神，能够激发学生对法治的兴趣，使他们认识到法治对个人、社会和国家的重要性。因此，师资队伍的素质直接影响学生对法治的态度和参与度。

师资队伍与法治教育质量之间存在密切的关系，教师的素质和水平直接影响法治教育的效果和质量。因此，培养高水平的法治师资队伍是提高法治教育质量的重要途径。

第五章　大学生法治素养培育的有效途径与策略

第一节　法治课程教学方法与策略

一、大学生法治课程内容的创新与更新

法治教育在大学教育中扮演着极为重要的角色，不仅有助于培养学生的法治素养和公民意识，还是推动社会法治建设的基石。然而，法律领域不断演进，社会问题多元化，传统的法治课程内容可能无法满足当代大学生的需求。因此，大学生法治课程的创新与更新显得尤为重要。以下将探讨大学生法治课程内容的创新与更新，包括法治教育的目标、教学方法、教材、跨学科融合等方面的发展，以提高法治教育的质量和效果。

（一）法治教育的目标

1. 强调宪法教育

《中华人民共和国宪法》是国家法律体系的基石，也是法治教育的出发点。大学生法治课程应强调宪法教育，使学生深刻理解其重要性、基本原则和价值观，并能够运用其框架来分析和解决社会问题。

2. 培养法治思维

法治思维是法治教育的核心目标之一，大学生法治课程应当注重培养学生的法治思维，使他们具备分析法律问题、权衡法律利益、提出法治解决方案的能力。这需要教育内容更加注重案例分析、辩证思考、伦理道德等方面的教学。

3. 增强法治责任感

大学生法治教育应当强调对学生法治责任感的培养，学生应该明白法治不仅是一种权利，更是一种责任，应积极参与社会法治建设，为维护法治秩序贡献力量。

4. 培养公民参与和社会责任感

法治教育应当培养学生的公民参与和社会责任感，法治不仅是政府的责任，也是每个公民的责任。因此，法治课程内容应鼓励学生主动参与社会活动，了解社会问题，为社会发展贡献自己的力量。

（二）法治课程内容的创新与更新

1. 引入实践案例和社会问题

法治教育不应仅停留在理论层面，还应与实际社会问题紧密结合，大学生法治课程可以引入实践案例，分析社会问题，让学生通过案例学习法律知识，了解法治的应用和意义。这有助于使法治课程更贴近学生的实际需求，提高学习的趣味性和深度。

2. 推广互动教学

传统的法治课程通常是教师单向授课，学生被动接受。然而，互动教学可以更好地激发学生的兴趣和参与度。通过小组讨论、辩论、角色扮演等互动方式，学生可以更深入地理解法治概念和原则，锻炼解决问题的能力。

3. 跨学科融合

法治教育不应仅限于法学领域，还应与其他学科融合，例如，法治与伦理学、社会学、政治学、经济学等学科可以相互关联，使法治课程更加全面，涵盖多个方面的法治问题。这有助于培养学生综合性的法治素养。

4. 强化信息技术应用

信息技术是当代大学生熟悉的工具，可以用来加强法治教育，利用在线教育平台、法治应用程序等技术工具，可以提供多媒体教学资源、在线辅导、模拟法庭等互动性法治学习体验。这有助于让法治教育更具吸引力和互动性。

5. 多样化教材资源

法治教育需要多样化的教材资源，以满足不同层次和领域的法治教育需求，教材可以包括文字教材、视频教材、案例教材、互动教材等多种形式。多样化的教材资源可以激发学生的学习兴趣，使他们更好地理解法治的概念。

6. 引入国际法治教育元素

法治教育不仅是对国内法律体系的学习，还应引入国际法治教育元素，学生可以了解国际法律体系、国际法律机构、国际法律问题等内容，拓宽法治视野，提高国际法治素养。

7. 拓展社会实践机会

法治教育应鼓励学生积极参与社会实践活动。学生可以通过实习、参与社区法律援助、法治志愿者等方式，将法治理论知识应用到实际中，增加实践经验。这有助于学生更好地理解法治概念和原则，将法治教育与社会实践相结合。

8. 推广跨校合作

大学生法治课程内容的创新和更新可以通过不同学校之间的合作来实现。学校可以共享教材资源、案例资源，开展跨校的法治课程合作，提供多样化的法治教育机会。

9. 国际交流与合作

与国际高校和法治教育机构进行交流与合作，分享经验和资源，引进国际先进的法治教育理念和方法，有助于提高国内大学生法治课程的质量。国际合作还可以为学生提供参与国际交流和研究的机会，培养更具国际视野的法治人才。

10. 持续培训教师

教师是法治教育的重要环节，因此，需要持续对教师进行培训，使他们了解最新的法律发展和教育方法。培训可以包括法治研讨会、研修班、学术研究项目等，提供机会让教师不断学习和提升。

（三）法治课程内容的创新与更新的挑战和对策

在创新与更新大学生法治课程内容的过程中，也会面临一些挑战，需要采取相应的对策来应对。

1. 资源不足

一些高校可能缺乏教育资源、教材资源和实践机会，对策包括鼓励跨校合作，共享资源，引入互联网教育和在线课程，提供多样化的法治教育机会。

2. 师资队伍水平参差不齐

教师的法治素质和教育水平参差不齐，对策包括提供教师培训、激励政策，鼓励教师持续学习和自我提升，提高法治教育师资队伍的整体素质。

3. 学生对法治教育兴趣不高

一些学生可能对法治教育不感兴趣，认为其内容枯燥，对策包括创新教学方法，引入实践案例和社会问题，提高教育的趣味性和吸引力。

4. 法治教育的测评和评价难度大

法治教育的效果不容易量化和评价，对策包括建立科学的测评和评价机制，采用学生评价、同行评审、教学效果跟踪等方式，确保教育质量得到有效监督和改进。

5. 法治教育的社会认可度问题

一些社会群体对法治教育的重要性和效果持怀疑态度，对策包括加强法治教育的社会宣传，提高社会对法治教育的认可度，引导社会对法治教育的支持。

　　大学生法治教育的创新与更新是一项重要的任务，需要关注法治教育的目标、教学方法、教材、跨学科融合等方面的发展。尽管面临一些挑战，但通过不断努力，可以不断提升大学生法治课程的质量，培养更多具备法治素质的公民，为法治社会建设和国家法治建设做出积极贡献。法治教育的创新与更新不仅仅是学校的任务，也需要社会各界的支持和参与。

二、大学生法治互动式教学方法的应用

　　随着社会的不断发展和法治意识的日益增强，大学生法治教育的重要性也愈加凸显。传统的法治教育往往以传统讲授方式为主，学生被动接受知识，缺乏互动与参与。然而，大学生法治教育需要更多地培养学生的法治思维、参与精神和解决问题的能力，互动式教学方法正是满足这些需求的有效途径之一。以下将探讨大学生法治互动式教学方法的应用，包括教学目标、教学方法、案例研究、角色扮演、小组讨论等方面的内容，以及如何克服可能遇到的挑战。

（一）大学生法治互动式教学方法的教学目标

　　1. 培养法治思维

　　互动式教学方法旨在培养学生的法治思维，使他们能够独立分析法律问题，理解法治原则和法律规定，提出解决方案。通过积极参与互动式教学，学生将更容易形成辩证思维和批判性思考的能力。

　　2. 培养法治参与精神

　　互动式教学方法有助于培养学生的法治参与精神，学生通过参与案例研究、角色扮演、小组讨论等活动，可以更好地理解法治的现实应用，认识到法治对社会和个人的重要性，激发他们积极参与法治建设的意愿。

3. 提高法治素养

互动式教学方法有助于提高学生的法治素养，学生通过实际参与和互动，更容易记忆和理解法治知识，将其内化为自己的思维方式和行为准则。这有助于提高法治素养。

4. 培养解决问题的能力

互动式教学方法鼓励学生积极解决法治问题，学生通过案例研究和角色扮演等活动，将学到的法治知识运用于实际情境之中，锻炼解决问题的能力，培养判断和决策的能力。

5. 提高参与度和学习动力

互动式教学方法能够提高学生的参与度和学习动力，学生更愿意参与课堂活动，因为这样的教学方式更具趣味性，能够激发他们的学习兴趣，提高学习效果。

（二）大学生法治互动式教学方法的应用

1. 案例研究

案例研究是一种常见的互动式教学方法，通过分析真实或虚构的法律案例，学生需要运用法治知识和原则来解决问题。案例研究可以让学生深入了解法治应用的复杂性，培养解决问题的能力。教师可以提供多样化的案例，涵盖不同领域的法律问题，以满足不同学生的需求。

2. 角色扮演

角色扮演是一种生动的互动式教学方法，通过模拟法律场景和角色，学生需要扮演不同角色，进行模拟辩论和争论，这种方法有助于学生理解法律程序、法庭流程，锻炼辩论和表达的能力。通过角色扮演，学生可以更好地体验法治过程，增加法治教育的实际感。

3. 小组讨论

小组讨论是一种促进学生互动的教学方法，学生被分成小组，讨论特定的法治问题，分享意见和观点。小组讨论可以激发学生思维的碰撞，帮助他们更深入地理解法治问题。教师可以设定问题或话题，引导学生进行讨论，或者让学生自行选择讨论议题，提高学生的参与度。

4. 实地考察和庭审观摩

实地考察和庭审观摩是互动式教学的实践活动，学生可以参观法院、检察院、公安机关等法治机构，了解法治实践和法律程序，这种实践活动可以将理论知识与实际情况相结合，让学生更深入地了解法治系统的运作。

5. 辩论比赛

辩论比赛是一种鼓励学生参与辩论并表达观点的互动式教学方法，学生可以组成辩论队伍，就特定法治话题进行辩论比赛，这有助于锻炼学生的辩论和表达技巧，培养解决问题的能力，同时促进他们对法治问题的深度理解。辩论比赛可以增加法治教育的趣味性和竞争性，激发学生参与的积极性。

6. 互动技术工具

现代技术工具如在线讨论论坛、社交媒体平台、虚拟现实等也可以用于大学生法治互动式教学。在线讨论论坛可以让学生在线讨论法治话题，分享观点和意见。虚拟现实技术可以模拟法庭场景，让学生亲身体验法庭审判过程。这些技术工具可以增加互动性和参与度，提供多样化的法治教育体验。

（三）互动式教学面临的挑战及对策

尽管互动式教学方法在大学生法治教育中有许多优势，但也可能面临一些挑战。以下是一些面临的挑战应对挑战的对策。

1. 学生的主动性不足

一些学生可能缺乏主动参与互动式教学的动力，可能更倾向于被动学习。对策包括教师引导和激发学生的兴趣，设定引人注目的案例和问题，提供实际参与的机会。

2. 教师的教育水平和教育技巧不足

教师在运用互动式教学方法时需要具备一定的教育水平和技巧。对策包括提供教师培训，帮助他们掌握互动式教学方法，提高教育质量。

3. 课程设计和资源准备不足

设计和准备互动式教学课程需要一定的时间和精力。对策包括鼓励教师积极参与课程设计，提供教育资源和案例资源，减轻教师的负担。

4. 教学评估难度较大

互动式教学方法的效果评估相对较难，不同学生的表现和参与度各异。对策包括建立科学的评估机制，采用学生反馈、同行评审、教学效果跟踪等方式，确保教育质量得到有效监督和改进。

5. 资源不足

一些学校可能缺乏互动式教学所需的资源，如技术设备、教材、场地等。对策包括争取资金支持，共享资源，引入在线教育和虚拟教学方式，提供多样化的互动教育机会。

大学生法治互动式教学方法的应用是法治教育的一种有效途径，有助于培养学生的法治思维、参与精神和解决问题的能力，提高法治素养。这将有助于培养更多具备法治素养的大学生，为法治社会建设和国家法治建设作出积极贡献。

第二节　法治实践教育的有效途径

一、法治实践项目的设计与执行

法治教育在当今社会中变得愈加重要，它不仅是培养公民法治素养的关键手段，还是推动社会法治建设的重要途径。法治实践项目作为法治教育的一种重要形式，有助于将理论知识与实际情境相结合，培养学生的法治思维、参与精神和解决问题的能力。以下将探讨法治实践项目的设计与执行，包括项目设计的原则、项目类型、执行步骤、评估方法等方面的内容，以帮助学校和教育机构更好地组织法治实践项目，提高其教育效果。

（一）法治实践项目设计的原则

1. 目标明确

每个法治实践项目应该明确其教育目标，包括培养学生的法治思维、参与精神、解决问题的能力等。项目设计时应明确项目的预期结果，以便能够进行有效的评估。

2. 与课程内容相关

法治实践项目应与课程内容相互衔接，有机结合。项目设计应围绕特定的法治主题或法律课程，以确保学生能够将理论知识应用到实际情境中。

3. 多样化和全面

法治实践项目的设计应具有多样性，涵盖不同领域和类型的法治活动。这有助于满足不同学生的需求，提供多样化的法治教育机会。

4. 学生参与

项目设计应鼓励学生积极参与，提高他们的主动性和责任感。学生应该有机会参与项目的决策和实施，使他们对参与法治实践项目有更大的兴趣。

5. 持续性

法治实践项目应具有一定的持续性，而不是一次性活动。项目的长期性可以更好地培养学生的法治素养，让他们逐渐形成法治习惯和法治观念。

6. 社会联系

项目设计应将学生与社会联系结合起来，使他们能够了解社会问题和法治实践的现实情况。与社区、法院、法律机构等合作可以提供实践机会。

（二）法治实践项目的类型

1. 法律援助和咨询服务

法治实践项目可以包括为社区居民提供法律援助和咨询服务。学生可以参与案件分析、法律文书起草、咨询服务等工作，为有法律需求的人提供帮助。

2. 社区法治教育

社区法治教育项目可以包括开展法治讲座、座谈会、宣传活动等，向社区居民传授法治知识，提高他们的法治素养。

3. 庭审观摩和模拟法庭

学生可以参观法庭庭审，了解法庭程序和法律实践。此外，模拟法庭活动可以让学生扮演不同角色，模拟法庭审判过程，锻炼辩论和表达的能力。

4. 竞赛和辩论

法治竞赛和辩论活动可以激发学生的竞争和合作精神。学生可以参与模拟法庭竞赛、法律辩论等，锻炼法治思维和解决问题的能力。

5. 实地考察和调研

学生可以进行实地考察和调研，深入了解法治实践和法治问题。这包括参观法院、检察院、公安机关等法治机构，了解其运作和挑战。

6. 社会参与项目

学生可以积极参与社会法治项目，如法治志愿者、社区安全巡逻、法治公益活动等，为社会法治建设贡献力量。

（三）法治实践项目的执行步骤

项目策划和设计：首先需要明确项目的目标、类型和内容。项目的设计应围绕法治教育的目标和原则进行，确保项目能够有效地培养学生的法治思维和素养。

资源准备和合作伙伴：确定项目所需的资源，包括人力资源、物质资源和财政资源。同时，建立与社区、法院、法律机构等的合作伙伴关系，以便项目的顺利执行。

学生招募和培训：招募学生参与项目，根据项目的性质进行培训。培训应包括法治知识的传授、项目的目标和任务介绍，以及相关技能的培养。

项目执行和监督：项目的执行包括实地服务、座谈会、竞赛、辩论等活动。需要对项目的执行过程进行监督和跟踪，确保项目按照计划执行。

教育评估和反馈：对项目的教育效果进行评估，包括学生的参与度、法治思维的提升，解决问题的能力等方面。评估可以通过学生反馈、同行评审、教学效果跟踪等方式进行。根据评估结果，提供反馈和改进建议，以不断提高项目的质量。

社会宣传和影响评估：项目结束后，需要对项目的社会影响进行评估。这包括项目对社区、学生和法治建设的影响。社会宣传可以提高法治实践项目的知名度，吸引更多学生参与。

持续改进：根据项目的执行和评估结果，进行持续改进。可以调整项目的设计、培训内容、合作伙伴关系等，以提高项目的质量和效果。

（四）法治实践项目的评估方法

1. 学生参与度评估

评估学生参与项目的积极性和主动性，包括项目的参与率、参与时长、参与质量等方面。

2. 学生反馈调查

通过对学生的反馈调查了解他们对项目的满意度和意见建议，学生反馈可以为项目设计和执行提供宝贵信息，帮助改进项目。

3. 学术表现评估

评估学生在项目后的学术表现，包括法治思维、解决问题的能力、法治知识的掌握等方面，学术表现评估可以帮助衡量项目对学生学术素养的提升情况。

4. 社会影响评估

评估项目对社区、社会法治建设的影响，这包括项目对社区居民法治素养的提升、法律服务的效果提升、社会问题的解决等方面。

5. 同行评审

请其他教育机构或专家对项目进行同行评审，提供专业意见和建议。同行评审可以帮助项目发现潜在问题和改进空间。

6. 教学效果跟踪

跟踪学生在参与项目后的学习和发展情况，包括法治素养、职业发展等方面，教学效果跟踪可以帮助了解学生长期发展的情况。

通过符合原则的项目设计、多样性的项目类型、清晰的执行步骤和有效的评估方法，法治实践项目可以成为有效的法治教育工具。法治实践项目的成功不仅有助于学生的发展，也有助于社会法治建设的推进，为法治社会的建设和维护作出贡献。

二、法治实践教育与社会合作的深化

随着社会的不断发展，法治意识在人们心中的重要性日益凸显。法治实践教育作为一种重要的教育形式，旨在培养公民的法治素养，加强法律意识，推动社会进步。而要实现这一目标，与社会的合作至关重要。以下将探讨深化法治实践教育与社会合作的重要性、现状、途径和未来发展方向，以期为构建更加法治的社会贡献思考与建议。

（一）法治实践教育的重要性

1. 培养法治意识

法治实践教育是培养公民法治意识的有效途径，通过实际参与法律事务，学生能更深入地理解法律的运作流程和重要性，从而建立起对法治的敬畏和信仰。

2. 培养社会责任感

法治实践教育有助于培养学生的社会责任感，学生在法律事务中的亲身参与，将使他们更加关心社会问题，愿意为社会公益事业贡献力量。

3. 提高法律素养

通过参与实践，学生能够更好地理解和运用法律知识，提高自己的法律素养。这将有助于他们在日常生活中更好地维护自身权益，以及更好地履行自己的社会责任。

4. 推动社会进步

深化法治实践教育不仅有助于培养公民的法治意识，还能够推动社会进步。通过参与法律事务，学生和社会机构可以共同解决社会问题，推动法治进程。

（二）法治实践教育与社会合作的现状

1. 学校与社会的合作机会有限

当前，法治实践教育与社会的合作机会相对有限，许多学校虽然提供法律教育，但往往停留在课堂教学层面，没有为学生提供更多实际参与的机会。

2. 社会资源未得到充分利用

同时，社会资源在法治实践教育中未能得到充分利用，许多社会机构拥有丰富的法律资源，但由于与学校的合作较少，这些资源未能发挥出应有的作用。

3. 学生参与度不高

一些学生对法治实践教育的参与度较低，缺乏积极性，这可能与学生对法律领域的了解不足及合作机会匮乏有关。

4. 教育内容与实际需要脱节

部分法治实践教育内容与社会实际需要脱节，学生的实际参与难以产生实质性的效果。这表明需要更多的合作与协作，以确保教育内容与社会需求保持一致。

（三）深化法治实践教育与社会合作的途径

1. 建立合作平台

学校和社会机构应建立更多的合作平台，为学生提供更多参与法治实践的机会。这可以包括校外实习、法律辅导、模拟法庭等形式的合作。

2. 制订合作计划

学校和社会机构可以共同制订合作计划，明确各自的责任和任务，这有助于确保合作的顺利进行，并使双方的资源得以最大程度的利用。

3. 提供奖励激励

学校可以为积极参与法治实践教育的学生提供奖励和激励，鼓励更多学生积极参与，这可以包括奖学金、证书等。

4. 加强师资队伍建设

学校可以加强法治实践教育师资队伍的建设，培养更多具备实践经验的教师，提高教育质量。

5. 更新教育内容

学校应根据社会需求不断更新法治实践教育内容，确保学生所学的法律知识与实际需要相符。

6. 推动社会宣传

学校和社会机构可以共同开展法治宣传活动，提高社会对法治实践教育的认知度，吸引更多社会机构参与合作。

（四）未来展望

1. 更多的社会机构参与

随着法治实践教育的不断深化，预计将有更多的社会机构参与合作，这将为学生提供更多的法治实践机会，有助于培养更多有法治素养的公民。

2. 法治教育跨学科合作

未来，法治实践教育将更多地与其他学科进行跨学科合作，例如，法律与人文科学、法律与技术、法律与商业等领域的结合，将有助于培养更全面的法治意识，使学生更好地理解法律与其他社会问题之间的关系。

3. 创新教育模式

随着科技的不断发展，未来法治实践教育可以借助在线教育平台、虚拟现实等技术手段，创新教育模式，提供更具吸引力和互动性的教育体验。这将使法治实践教育更具吸引力，吸引更多学生积极参与。

4. 国际化合作

法治实践教育不仅在国内领域有发展潜力，还有望与国际社会进行更多合作。国际交流将使学生更广泛地了解不同国家的法律体系和法治实践，为他们的国际化发展提供更多机会。

5. 建立法治文化

未来，深化法治实践教育与社会合作的目标之一将是建立法治文化，这包括推动法治价值观的普及，培养社会对法治的共鸣，以及倡导法治精神的传播。

深化法治实践教育与社会合作对于培养具有法治素养的公民和推动社会进步至关重要。当前，虽然面临一些挑战，但通过建立更多的合作平台、制定合作计划、奖励激励、更新教育内容等措施，可以不断推动法治实践教育的发展。未来，法治实践教育有望与更多领域、国际社会开展合作，为建立更加法治的社会贡献力量。

深化法治实践教育与社会合作不仅是一项教育任务，更是一项社会责任。只有通过学校、社会机构、学生和社会各界的共同努力，才能激发法治实践教育的最大潜力，培养更多有法治素养的公民，推动法治进程，建设更加和谐、公正、法治的社会。

第三节　法治思想政治教育策略

一、思政教育课程的设计

思政教育是培养学生政治理论素养和思想道德素质的重要途径，是高校教育的重要组成部分。精心设计思政教育课程，既是推动学生全面发展的需要，也是提高社会文明程度和培养高素质人才的必然要求。以下将探讨思政教育课程的重要性、设计原则，以及实施策略，为建设更富有活力和创造力的思政教育体系提供一些建议。

（一）思政教育课程的重要性

1. 塑造全面人才

思政教育课程是培养全面发展的高素质人才的重要途径，通过该课程，学生不仅学习到了政治理论知识，还提高了思想道德水平，增强了社会责任感和创新能力。

2. 弘扬社会主义核心价值观

思政教育课程有助于弘扬社会主义核心价值观，传递正能量，引导学生树立正确的人生观、价值观，培养爱国主义、社会主义、科学精神等优秀品质。

3. 促进社会和谐稳定

通过思政教育，可以培养学生的社会责任感和道德情感，使他们更积极地参与社会事务，促进社会和谐稳定的发展。

4. 推动创新创业

思政教育课程有助于培养学生的创新思维和创业精神，使他们更好地应对社会变革，为国家经济和科技发展作出贡献。

（二）思政教育课程的设计原则

1. 立足实际需求

思政教育课程的设计应该充分考虑社会和学生的实际需求，注重实际问题和案例分析，使课程内容具有现实性和实用性。

2. 多元化教育形式

设计思政教育课程时，应采用多元化的教育形式，包括课堂教学、讨论、研讨会、社会实践等，以满足不同学生的学习需求。

3. 注重互动与反馈

思政教育课程应鼓励学生积极参与，促进师生互动，建立开放的教育氛围，并提供及时的反馈机制，以便学生不断自我改进。

4. 结合社会实践

课程设计应紧密结合社会实践，为学生提供实际参与社会事务的机会，培养他们的社会责任感和实际操作能力。

（三）思政教育课程的实施策略

1. 教师队伍建设

培养高水平的思政教育教师，鼓励他们积极参与教育改革和教育研究。

2. 课程资源开发

充分利用现有的教育资源，包括教材、案例分析、教育技术等，提供丰富的课程内容。

3. 学生参与机会

提供多样化的学生参与机会，包括社会实践、讨论会、学术研究等，鼓励学生积极参与。

4. 评估和反馈

建立课程评估和反馈机制，以不断改进课程内容和教育方式。

5. 社会资源合作

与社会机构、政府部门等建立合作关系，提供更多的社会资源支持。

精心设计思政教育课程是提高学生政治理论素养和思想道德素质的重要途径，也是推动社会进步和培养高素质人才的必然要求。精心设计思政教育课程，不仅是教育的问题，更是社会的问题，需要全社会的共同努力和支持。

二、思政教育活动的多样性

思政教育是培养学生政治理论素养和思想道德品质的重要途径，是高校教育的重要组成部分。为了更好地实现思政教育的目标，教育机构应积极推动多样性的思政教育活动。以下将探讨思政教育活动的多样性，包括其多样性的内容和形式，以及多样性带来的好处与挑战。

（一）思政教育活动的多样性的内容和形式

1. 内容的多样性

① 政治理论教育：包括马克思主义、中国特色社会主义等内容，帮助学生建立对政治体系的基本理解。

② 社会主义核心价值观教育：强调社会主义核心价值观的重要性，引导学生树立正确的价值观，推动社会主义核心价值观的传播。

③ 道德伦理教育：包括伦理学、道德哲学等内容，帮助学生理解道德规范，养成良好的道德品质。

④ 公民责任教育：通过爱国主义、社会主义、公民责任等方面的教育，培养学生的社会责任感。

⑤ 创新思维和创业精神培养：引导学生发展创新思维，培养创业精神，提高创新创业能力。

2. 形式的多样性

① 课堂教学：传授政治理论知识，进行讨论和研究。

② 研讨会和讨论会：提供学生自主讨论和思考的机会。

③ 社会实践：让学生亲身参与社会事务，积累实践经验。

④ 社会服务和公益活动：鼓励学生积极参与社会服务和公益活动，培养学生的社会责任感。

⑤ 学术研究：鼓励学生参与学术研究，培养批判性思维和创新能力。

（二）多样性带来的好处与挑战

1. 好处

① 满足不同学生的需求：多样性的思政教育活动可以满足不同学生的需求，使教育更加个性化。

② 提高学生参与度：多样性的活动形式可以提高学生的参与度，使他们能够更积极地参与思政教育。

③ 促进全面发展：多样性的内容和形式有助于学生的全面发展，提高他们的综合素质。

④ 培养创新和批判性思维：多样性的活动可以培养学生的创新和批判性思维，使他们更具创造力。

2. 挑战

① 资源和时间限制：多样性的思政教育活动需要更多的资源和时间，可能会带来教育机构的压力。

② 教师培训和素质要求：教师需要面对具备更多的培训和素质要求，以适应多样性的活动。

③ 评估和反馈难度：多样性的活动难以进行统一评估和反馈，需要建立更复杂的评价机制。

多样性的思政教育活动是培养学生政治理论素养和思想道德品质的重

要途径。通过多样性的内容和形式，思政教育可以更好地满足学生需求，提高他们的参与度，促进全面发展，培养创新思维和社会责任感。尽管多样性带来了一些挑战，但通过跨学科合作、社会合作、国际化视野、科技创新教育和创新教育模式的引入，未来的思政教育活动将更加充实和具有活力，培养更多有思想、有创造力、有社会责任感的高素质人才。

三、思政教育与实际法治教育的整合

思政教育和法治教育是高校教育中两个重要的组成部分。思政教育旨在培养学生的政治理论素养和思想道德品质，而法治教育旨在培养学生的法律知识和法治素养。以下将探讨思政教育与实际法治教育的整合，包括整合的方法和具体操作方式，以及未来展望，以促进更全面、更深入的高等教育。

（一）思政教育与实际法治教育的整合方法

1. 课程整合

将思政教育和法治教育的课程整合，使学生在学习政治理论和法律知识时能够更好地理解两者之间的关联，例如，在思政教育课程中引入法治案例分析，或在法治教育中加入政治理论的讨论。

2. 跨学科合作

促进不同学科之间的合作，使思政教育和法治教育能够相互交融，例如，开展政治学院和法律学院之间的合作项目，或者开展政治理论和法律案例的跨学科研究。

3. 社会实践整合

将学生的社会实践与思政教育和法治教育相结合，学生可以参与法律援助、公益法律服务等社会活动，以实际行动贯彻思政教育和法治教育的理念。

4. 校园文化整合

通过校园文化活动，如政治主题讲座、法律讲座、社会实践活动，使学生能够更深入地体验思政教育和法治教育的内容。

（二）思政教育与实际法治教育的整合具体操作方式

1. 教师交叉培训

为思政教育和法治教育的教师提供交叉培训，使他们能够更好地理解对方的领域，提高教育水平。

2. 共同课程设计

思政教育和法治教育的教师可以共同设计课程，将政治理论和法律知识融合在一个课程中，帮助学生更好地理解两者之间的关系。

3. 联合研究项目

学校可以鼓励教师和学生开展联合研究项目，旨在探讨政治理论和法律的交叉点，这些项目可以涵盖从法治社会的建设到法律体系的演进等各个方面。

4. 社会实践整合

学校可以与法律服务机构合作，为学生提供法律实践机会，这些实践项目不仅有助于学生了解法律的实际应用，还可以帮助他们将法治意识与社会责任感相结合。

5. 校园文化活动

学校可以举办政治和法律主题的校园文化活动，如辩论比赛、演讲比赛、法治文化节等，这些活动有助于学生更深入地体验思政教育和法治教育的内容。

（三）思政教育与实际法治教育的未来展望

1. 全面素质培养

整合思政教育和法治教育有助于全面培养学生的政治素养和法治素养，

使他们更具综合素质。

2. 弘扬社会主义核心价值观

思政教育的整合可以更好地弘扬社会主义核心价值观，而法治教育的整合可以促进法治意识的传播。

3. 促进社会进步

思政教育和法治教育的整合可以培养更多具有社会责任感、法治意识的公民，推动社会进步和法治进程。

4. 国际化视野

未来的思政教育与法治教育整合可以更加注重培养学生的国际化视野，使他们能够理解和应对国际事务。

5. 科技创新教育

思政教育与法治教育的整合可以更多地融入科技和创新元素，培养学生的信息素质、科技创新能力，使他们能够应对科技革命和社会变革。

第四节　法治文化建设的策略

一、法治文化传承与宣传

法治文化是法治社会的重要组成部分，它涵盖了法律精神、法治价值观和法律传统等方面。法治文化的传承与宣传对于维护社会秩序、推动社会进步、培养法治意识具有重要意义。以下将探讨法治文化传承与宣传的重要性、方法，以及未来的发展趋势。

（一）法治文化传承与宣传的重要性

1. 促进法治意识的树立

法治文化传承与宣传有助于树立公民的法治意识，使他们更加尊重和遵守法律，更加自觉地维护社会秩序。

2. 弘扬法治社会核心价值观

法治文化传承与宣传有助于弘扬法治社会的核心价值观，包括公平正义、法律平等、法治精神等，引导社会形成积极向上的价值观念。

3. 培养法治素养

法治文化传承与宣传有助于培养公民的法治素养，使他们更好地理解法律、维护自身权益、参与法治建设。

4. 推动社会进步

法治文化传承与宣传有助于推动社会进步，提高社会的法治水平，促进社会的和谐发展。

（二）法治文化传承与宣传的方法

1. 教育体系

① 学校教育：学校是法治文化传承的主要场所，应将法治教育融入学校教育体系，包括法律课程、法治教育活动等。

② 职业培训：为不同职业领域的从业者提供法律知识和法治意识培训，使他们能够更好地履行法治职责。

2. 社会宣传

① 媒体宣传：媒体是法治文化传承的重要宣传渠道，新闻报道、法治专栏、宣传片等媒体资源可用于普及法律知识、弘扬法治价值观。

② 社会活动：社会组织、法律协会等可以组织法治主题的社会活动，如法治讲座、法治义工、法治宣传活动等。

3. 文化传承

① 法律文化遗产：保护和传承法治文化的遗产，如历史文书、法律制度、法规文件。

② 法治文学和艺术：文学、戏剧、电影等艺术作品可以通过艺术形式

传达法治文化的价值观。

（三）法治文化传承与宣传的未来发展趋势

1. 多媒体宣传

随着互联网和社交媒体的发展，法治文化传承与宣传将更多地依赖于多媒体和数字平台，在线法治课程、法治微博、法治应用程序等将成为重要宣传工具。

2. 国际合作

随着全球化的加速，国际合作将成为法治文化传承与宣传的未来趋势，不同国家之间可以分享法治经验、开展国际法治交流。

3. 跨学科研究

法治文化不仅是法学领域的问题，它涉及社会学、哲学、历史学等多个学科，跨学科研究将更好地理解法治文化的本质和历史演变。

4. 社会参与

未来，法治文化的传承与宣传将更多地依赖于社会的参与，社会组织、公民团体、企业等将积极参与法治文化的传承与宣传，共同推动法治文化的发展。

5. 法治文化创新

法治文化传承与宣传需要不断创新，通过探索新的宣传方式、开展文化创意活动、引入互动式体验等方法，可以更好地吸引年轻一代，提高法治文化的吸引力。

（四）法治文化传承与宣传的案例分析

1. 中国的法治文化宣传

中国政府通过举办法治宣传周、开展法治知识竞赛、推出法治教育网站等多种方式，积极宣传法治文化，增强公民的法治意识。

2. 美国的法治文化传承

美国的法律体系及历史传统构成了其法治文化的核心，美国通过学校教育、法律职业培训、司法系统等多个层面来传承法治文化。

3. 国际法治组织的宣传活动

国际组织如联合国、国际法院等通过宣传活动、法治教育项目、国际法研究等方式来传承和宣传法治文化，促进国际法治体系的发展。

法治文化的传承与宣传对于社会的稳定、进步和发展至关重要。法治文化不仅是一个国家的问题，更是国际社会的共同责任，需要全球合作来推动法治文化的传承与宣传。只有通过不懈的努力，法治文化才能在全球范围内得以传承与宣传，为社会的和谐、公平、正义和法治作出更大的贡献。

二、法治文化活动的策划

法治文化是一种重要的文化理念，它强调法律在社会中的重要性，以及公民应该遵守法律和尊重法律的权威。在一个具有法治文化的社会中，法律不仅是一种规定，更是一种生活方式。为了促进法治文化的普及和推广，举办法治文化活动是一个有效的途径。以下将讨论如何策划一场成功的法治文化活动，以推动法治观念的传播和根植于社会。

（一）活动背景

1. 法治文化的重要性

法治文化是现代社会的基石之一，它有助于确保社会秩序、公平正义和人权的尊重。法治文化促进了社会的和谐与稳定，鼓励公民遵守法律、参与社会建设，以及维护自己的权益。在一个具有强烈法治文化的社会中，法律是普遍遵循的准则，而不是一种威胁或约束。

2. 法治文化活动的目标

法治文化活动的主要目标是普及法律知识，提高公众对法治观念的认识，鼓励人们积极参与社会、政治和法律事务。通过这些活动，可以增强社会对法律制度的信任，减少不法行为，促进公民的法治意识和法治素养。

（二）策划步骤

1. 确定活动类型

首先，需要确定法治文化活动的类型，这可以包括法律讲座、法治教育工作坊、法治主题的艺术展览、法律游行等各种形式。选择活动类型时，需要考虑目标观众的兴趣和需求。

2. 确定活动时间和地点

确定活动的时间和地点是非常关键的。活动时间应该尽量避免与其他重大事件冲突，以确保更多的人能够参与。活动地点应选择易于访问的地点，最好是在市中心或社区中心，以方便吸引更多人的参与。

3. 制订预算和筹款计划

策划法治文化活动需要预算，包括场地租赁、设备租赁、嘉宾费用、宣传材料、安全措施等各种费用。需要确保活动的预算合理，并制订筹款计划，以确保活动的经济可行性。

4. 确定活动主题和议程

活动主题应与法治文化相关，可以根据活动类型和目标观众的需求来确定，制定详细的议程，包括演讲、工作坊、展览和互动环节，以确保活动的内容充实且具有吸引力。

5. 邀请嘉宾和演讲者

邀请合适的嘉宾和演讲者对于活动的成功非常重要，他们可以是法律专家、社会活动家、政府官员等，能够为活动带来专业知识和威望。确保提前联系并安排他们的日程。

6. 制订宣传计划

为了吸引更多人参加活动，需要制订宣传计划，这包括制作宣传材料、利用社交媒体、与媒体合作等各种宣传手段。宣传应该强调活动的重要性和吸引力，以吸引更多的参与者。

7. 准备活动设备和物资

在活动前，需要准备所有必要的设备和物资，包括横幅、印刷材料、音响设备、座椅、桌子等，确保一切准备就绪，以便活动顺利开展。

8. 确保安全措施

安全是活动策划的重要考虑因素，需要考虑人员安全、紧急情况的处理和人群控制等问题，可以与当地执法部门和安全专家合作，确保活动的安全性。

9. 确定活动评估和反馈机制

在活动结束后，需要进行评估，以了解活动的成功与失败之处，收集来自参与者的反馈，分析活动的效果，并寻找改进的机会。这将有助于未来活动的改进和提升。

（三）开展活动

1. 活动开幕仪式

在活动当天，首先要举行一个隆重的开幕仪式，以吸引人们的注意。这可以包括演讲、音乐表演、舞蹈等，以为活动营造氛围。

2. 活动进行

按照事先制定的议程，逐步开展各个环节，确保演讲和工作坊有足够的时间来传递有用的信息，并鼓励互动和参与，活动中可以设置小组讨论、问答环节及互动游戏，以提高参与者的兴趣和参与度。

3. 提供相关资料

在活动期间，为参与者提供相关的法律资料和宣传材料，这些材料可以包括法治手册、法律宣传册、信息手册等，以便他们在活动结束后继续学习和了解法治文化。

4. 互动环节

互动环节是法治文化活动的亮点之一，可以设置模拟法庭审判、法律知识竞赛、角色扮演等互动活动，以帮助参与者更好地理解法律和法治概念。

5. 媒体覆盖

确保媒体的参与和报道，以扩大活动的影响力，邀请记者和摄影师，并提供他们所需的信息和照片，以便他们能够报道活动。

6. 吸引特殊受众

法治文化活动应该努力吸引不同年龄、背景和兴趣的人群。可以设置专门的活动环节，以满足特殊受众的需求，例如，青少年、老年人、少数民族等。

（四）活动后续工作

1. 收集反馈和评估

活动结束后，收集参与者的反馈意见，包括他们对活动的看法、建议和意见。进行活动的评估，分析活动的效果和成功之处，以及需要改进的方面。

2. 感谢参与者和合作伙伴

向参与者和合作伙伴表示感谢，表达对他们的支持和参与的赞赏，这可以通过感谢信、感谢活动或社交媒体上的公开表扬来实现。

3. 继续宣传和教育

法治文化活动不应该只是一次性的事件，而是一个长期的过程，继续宣传和教育，可以通过定期举办类似的活动、在线教育和社交媒体宣传来实现。

4. 制订法治文化教育计划

制订长期的法治文化教育计划，以确保法治观念的持续普及，这可以包括在学校、社区和职业培训中推广法治教育。

5. 持续合作

与当地政府、法律机构、社会组织和学术机构建立合作关系，以支持法治文化的发展。合作可以包括共同举办活动、研究项目和法治培训等。

法治文化活动的策划是一项复杂的工作，但它对于促进法治观念的传播，使法治观念根植于社会至关重要。通过明确的步骤和有序的计划，可以成功地策划和实施法治文化活动。这些活动有助于提高公众对法治的认识，促进社会的法治意识和法治素养，最终有助于建立一个更加公平、正义和稳定的社会。通过长期的努力和持续的合作，法治文化可以深入根植于社会之中，为人们的生活带来积极的影响。

三、法治文化与校园文化的整合

校园文化是学校的精神灵魂，它体现了学校的价值观、传统和氛围。而法治文化作为一种重要的文化理念，强调法律在社会中的地位和公民应该遵守法律、尊重法律的权威。将法治文化与校园文化整合在一起，不仅有助于培养学生的法治观念，还可以促进学校的稳定、和谐发展。以下将讨论如何实现法治文化与校园文化的有机整合，并探讨这种整合对学生和学校的影响。

（一）法治文化与校园文化

1. 法治文化的核心概念

法治文化是一种文化理念，它包括尊重法律、遵守法律、强调公平正义、尊重权利和自由等核心概念。在一个具有法治文化的社会中，法律不仅是规则，更是一种生活方式。法治文化鼓励公民积极参与社会、政治和法律事务，以维护自己的权益。

2. 校园文化的作用

校园文化是学校的精神风貌，它塑造了学校的氛围和价值观。校园文化可以影响学生的学习、行为和价值观。它包括学校的传统、校风、规范和教育理念。一个健康的校园文化可以培养学生的积极品格和良好行为习惯。

（二）法治文化与校园文化的整合

1. 整合法治教育

法治文化与校园文化的整合的第一步是将法治教育纳入学校的课程体系。这可以通过设立法治教育课程、法律讲座、法治文化活动等方式实现。这些教育活动可以帮助学生了解法律的基本原则，培养法治观念。

2. 制定校园法规

学校可以制定明确的校园法规，明确学生和教职员工的权利和义务，以及违反规定的后果，这有助于强调法律的权威和重要性。

3. 培养法治道德

除了法律知识，校园文化还应重视法治道德的培养，这包括公平、正义、尊重权利、遵守法规等方面的道德教育。学校可以通过教育、案例分析和讨论等方式，培养学生的法治道德观念。

4. 培养参与意识

法治文化强调公民积极参与社会和法律事务，学校可以鼓励学生参与学生自治组织、学校事务、社会活动等，以培养他们的参与意识和公民责任感。

5. 法治活动和社团

为了促进法治文化的传播，学校可以建设法治社团，开展法治活动，这些社团和活动可以帮助学生更深入地了解法律和法治概念，同时提供一个让学生参与其中的平台。

（三）法治文化与校园文化整合的影响

1. 对学生的影响

整合法治文化与校园文化对学生有多方面的积极影响：第一，它有助于培养学生的法治观念，使他们了解法律的重要性和社会责任；第二，它可以提高学生的法治素养，使他们更好地理解和尊重权利、法律和公平正义。最重要的是，它可以为学生提供实际参与社会事务和解决问题的机会，培养他们的领导力和公民责任感。

2. 对学校的影响

整合法治文化与校园文化也对学校本身有重要影响：第一，它有助于建立和维护一个和谐、秩序良好的校园环境，减少纪律问题和冲突；第二，它可以提高学校的声誉和社会地位，吸引更多优秀的教职员工和学生。最重要的是，它可以为学校提供强大的社会支持，包括与法律机构和社区的合作，共同推动校园文化的发展。

3. 对社会的影响

整合法治文化与校园文化也对社会有积极的影响。通过培养具有法治观念和法治素养的学生，他们将更有可能成为遵纪守法的公民，促进社会的和谐稳定。此外，这种整合可以为社会提供具备法治素养的年轻人，促进法治和社会正义。这对于整个社会的发展和进步都是有益的。

（四）挑战与应对方式

1. 教育资源不足

整合法治文化与校园文化可能需要更多的教育资源，包括培训师资、法律教材和课程开发。学校需要克服这一挑战，以确保提供高质量的法治教育。

2. 学生接受度不足

有些学生可能对法治教育不感兴趣或抵触，他们可能认为这是枯燥的、与自身所学专业不相关的。学校需要采取措施，使法治教育更生动、有趣，引发学生的兴趣。

3. 法治文化与校园文化的冲突

在整合过程中，可能会出现法治文化与学校传统文化之间的冲突。学校需要在尊重法治原则的前提下，找到平衡点，以确保传统文化和法治文化能够和谐共存。

4. 管理和维护

整合法治文化与校园文化需要有效的管理和维护机制。学校需要建立相关机构和流程，以监督法治教育的实施和法规的执行，同时也需要不断改进和更新。

整合法治文化与校园文化是一项有挑战且有巨大潜力的工作。它有助于培养学生的法治观念、法治素养和法治道德，同时也有助于提高学校的声誉和社会地位。在整合的过程中，学校需要克服教育资源不足、学生接受度不足、文化冲突和管理维护等问题，以确保整合的成功。最终，整合法治文化与校园文化将有益于学生、学校和社会，促进法治观念的传播和社会的稳定发展。这是一项值得学校和社会共同投入精力和资源的工作，为培养法治国民和建设法治社会作出积极的贡献。

第五节　法治教育资源整合与共享策略

一、法治教育资源的整合与配置

法治教育是培养公民的法治观念和法治素养的重要途径，也是社会发展和公平正义的保障。为了有效地推动法治教育，需要合理整合和配置各种教育资源，包括人力资源、教材、技术支持等。以下将探讨如何实现法治教育资源的整合与配置，以推动法治观念的传播，让法治观念根植于社会。

（一）法治教育资源的类型

1. 人力资源

人力资源是法治教育中最重要的资源之一，包括法律专家、教育家、教师和志愿者等，这些人力资源可以为学生提供法治知识、教育技能和法治实践经验。

2. 教材和教育工具

法治教育需要教材、课程和教育工具，以帮助学生理解法律原则和法治观念。这包括教科书、案例研究、教育软件和多媒体资源。

3. 技术支持

现代技术在法治教育中起着越来越重要的作用。技术支持包括在线教育平台、视频会议工具、虚拟学习环境等，这些工具可以帮助扩大法治教育的覆盖范围。

4. 资金支持

法治教育需要一定的资金支持，用于培训、研究、活动和项目的实施。资金支持可以来自政府拨款、私人捐赠、基金会等。

5. 合作伙伴关系

合作伙伴关系可以为法治教育提供多方面的支持，这包括政府机构、法律协会、非营利组织、学校和企业等，它们可以提供资源、专业知识和网络支持。

（二）法治教育资源的整合与配置

1. 制订整合计划

首先，需要制订一个综合的整合计划，明确整合的目标、范围和时间表。整合计划应该考虑到法治教育的需求，以及可用的资源。

2. 识别资源供应商

确定哪些资源供应商可以为法治教育提供支持，这可能包括政府部门、学校、法律协会、教育机构、非营利组织和专业志愿者。

3. 资源协调与整合

将不同的资源整合到一个协调的框架中，这可能需要合并教育工具、整合在线平台、合作进行课程开发，以确保资源得到有效利用。

4. 制定资源配置策略

确定如何配置资源以满足法治教育的需求，这包括资源的分配、人员安排、课程设计、项目实施和资金管理。

5. 提供培训与支持

为使用这些资源的教师和教育工作者提供培训与支持。他们需要了解如何充分利用这些资源，以有效传授法治知识和技能。

（三）法治教育资源整合面临的挑战

1. 资源不足

在某些地区和领域，法治教育资源可能不足。政府和非政府组织可以考虑提供资金支持、资源共享和资源分配的策略，以弥补资源不足。

2. 资源浪费

资源的浪费是一个重要问题。为了避免浪费，需要建立有效的资源管理和监督机制，确保资源得到充分利用。

3. 资源分散

资源可能分散在不同的地方，难以协调和整合。建立统一的资源库，集中管理和提供资源，可以解决这一问题。

（四）提高法治教育资源整合效果的方式

1. 评估和反馈

定期评估资源整合与配置的效果，收集来自教育工作者和学生的反馈，以不断改进和提高教育效果。这有助于确保法治教育资源的充分利用。

2. 创新教育方法

使用新的教育方法和技术，如虚拟现实、在线协作工具、游戏化教育等，以增强法治教育的吸引力和互动性。

整合与配置法治教育资源是一个复杂的过程，但它对于培养法治观念和法治素养是至关重要的。通过综合的整合计划、资源供应商的确定、资源协调与整合、资源配置策略的制定和培训与支持的提供，可以有效实现法治教育资源的整合与配置。同时，需要应对资源不足、资源浪费、资源分散等挑战，以提高效果。最终，这将有助于推动法治观念的传播和根植，促进社会的稳定和发展。通过法治教育，人们能够更好地理解法律的重要性，遵守法律规定，维护公平正义，增强社会的法治素养和法治意识。

在整合与配置法治教育资源的过程中，应该注重资源的充分利用和合理分配。同时，要注重资源的更新和升级，以适应不断变化的教育环境和学生需求。评估和反馈机制是确保资源配置的有效性的关键，可以及时发现问题并加以改进。

最终，整合与配置法治教育资源需要政府、教育机构、社会组织和个人的共同努力。通过合作与合力，可以更好地推动法治观念的传播，培养法治国民，促进社会的法治发展。这是一项长期的工作，需要持续的关注和努力，但其积极影响将在社会中显现，为建设更加公平、正义且和谐的社会作出贡献。

二、法治教育资源共享平台的建设

法治教育是培养公民法治观念和法治素养的重要途径，有助于建设法治社会和提高社会公平正义。然而，法治教育资源分散、碎片化的问题依然存在，许多学校和教育机构缺乏足够的法治教育资源。为了有效推动法治教育，建设一个法治教育资源共享平台是一个有益的举措。以下将探讨如何建设法治教育资源共享平台，以促进法治观念的传播并使其根植于社会。

（一）法治教育资源的现状

1. 分散的资源

法治教育资源分散在各个教育机构、法律协会、政府部门和非营利组织之间。这导致了资源的碎片化和难以获取，学校和教育机构需要花费大量时间和精力来获取相关资源。

2. 资源不均衡

资源的分配不均衡是另一个问题。一些地区和学校可能拥有更丰富的法治教育资源，而其他地方则资源相对匮乏。这导致了不平等的法治教育机会。

3. 缺乏整合与协作

缺乏资源整合与协作，导致了资源的低效利用。许多教育机构和法律协会在资源开发和分享方面缺乏协调和合作，导致资源重复和浪费。

（二）法治教育资源共享平台的建设

1. 平台目标与范围

建设法治教育资源共享平台的第一步是确定平台的目标和范围，平台的主要目标是提供一个集中、便捷、高效的资源共享和交流平台，以促进法治教育的发展和提高资源利用效率。平台的范围可以包括各类法治教育资源，如教材、课程、案例研究、培训材料、在线工具等。

2. 确定平台管理员

平台需要有专门的管理员来管理和维护，管理员的职责包括审核和管理上传的资源、维护平台的正常运作、处理用户反馈和问题等。管理员需要有法治教育背景和技术支持。

3. 建立用户注册系统

为了保证资源的质量和安全，需要建立一个用户注册系统，用户可以通过注册账户来上传和下载资源，同时，注册系统也有助于跟踪资源使用情况和用户反馈。

4. 建立资源上传和审核流程

建立资源上传和审核流程，以确保上传的资源符合一定的标准和质量要求。审核流程可以包括法律专家或教育专家的审查，以确保资源的准确性和可行性。

5. 制定资源分类和搜索系统

为了使用户能够轻松找到需要的资源，建设一个资源分类和搜索系统是非常重要的。资源可以按主题、年级、类型、关键词等进行分类，并提供搜索功能，以便用户能够快速找到所需的资源。

6. 提供用户支持和培训

为了帮助用户充分利用平台，提供用户支持和培训是必要的。这可以包括在线帮助中心、培训课程、在线聊天支持等。

（三）法治教育资源共享平台的运营与维护

1. 宣传与推广

建设法治教育资源共享平台后，需要进行宣传和推广，以吸引更多的用户和资源提供者。宣传可以通过社交媒体、教育机构合作、法律协会宣传等方式进行。

2. 用户反馈与改进

平台的运营需要不断听取用户反馈，以改进平台的功能和服务。建立用户反馈机制，收集用户提出的建议和问题，及时解决和改进。

3. 质量控制与维护

平台需要定期审核和维护，以确保资源的质量和准确性。管理员需要定期审查已上传的资源，删除过时和低质量的资源。

4. 数据分析与评估

通过数据分析和评估，可以了解平台的使用情况和效果，分析可以包括用户活跃度、资源下载量、用户反馈等数据。通过数据分析，可以了解用户需求，优化平台功能，提高资源利用效率。

5. 合作与伙伴关系

建设法治教育资源共享平台需要建立合作与伙伴关系，与教育机构、法律协会、政府部门、非营利组织等建立合作关系，共同推动法治教育资源的共享和发展。

（四）优势与挑战

1. 优势

① 资源集中：平台将各种法治教育资源集中在一个平台上，方便用户获取。

② 资源多样性：通过资源共享平台，用户可以获得来自不同来源的多样性资源，包括不同主题、不同年级、不同类型的资源。

③ 成本效益：资源共享平台可以降低资源开发和获取的成本，提高资源的利用效率。

④ 可持续性：资源共享平台可以长期运营，不仅可以提供现有资源，还可以不断吸纳新的资源。

2. 挑战

① 资源质量不一：上传的资源质量可能参差不齐，需要建立审核和评估机制，以保证资源的准确性和可行性。

② 用户安全和隐私：用户注册和上传资源需要处理用户的个人信息，需要确保用户安全和隐私。

③ 知识产权和版权：涉及知识产权和版权的问题，需要处理资源的使用权和版权问题，以避免侵权和纠纷。

④ 技术支持和维护：平台的技术支持和维护需要不断投入资源和精力，以保持平台的正常运作。

建设法治教育资源共享平台是促进法治观念传播的重要途径。通过合理的规划、资源整合、合作伙伴关系和运营与维护，可以建设一个高效的平台，为教育机构、教育者和学生提供丰富的法治教育资源。同时，要应对资源质量、用户安全、知识产权和技术支持等挑战，确保平台的可持续发展。最终，法治教育资源共享平台将有助于培养法治公民，促进社会的法治发展，实现公平正义和社会稳定。这是一个值得学校、政府和社会共同投入精力和资源的重要工作。

三、法治教育资源的国际化合作

法治教育在今天的全球化社会中扮演着至关重要的角色。它不仅有助于国内公民更好地理解法律、尊重法律，还有助于促进国际法治观念的传播。为了充分发挥法治教育的作用，国际化合作是必不可少的。以下将探讨如何实现法治教育资源的国际化合作，以推动法治观念的传播和国际社会的发展。

（一）国际化合作的必要性

1. 法治观念的传播

国际化合作有助于法治观念的传播，不同国家和地区拥有不同的法律体系和法治理念，通过国际化合作，可以交流和分享不同国家的法治观念，丰富法治教育的内容。

2. 世界法治教育标准

国际化合作可以有助于建立更具全球性的法治教育标准，通过合作，可以制定更为综合和普适的法治教育准则，有助于各国更好地规范法治教育内容和实践。

3. 全球性问题的解决

国际社会面临许多全球性问题，如气候变化、贫困、恐怖主义等，法治教育可以为解决这些问题提供理论和实践支持。国际合作可以为培养具备法治观念的全球公民提供更多机会。

（二）国际化合作的方式

1. 交流与研究

国际化合作可以通过法治教育资源的交流和研究来实现，学者和教育工作者可以开展跨国合作项目，共同研究法治教育的最佳实践、法律体系的比较和法治观念的传播。

2. 教育合作项目

合作项目可以涵盖课程开发、教材制作、在线教育、学生交流等各个方面。合作项目可以促进法治教育资源的共享，使学生能够接触到不同国家和地区的法律和法治观念。

3. 培训和研讨会

举办国际性的法治教育培训和研讨会，有助于法治教育工作者的专业发展和知识交流。这些培训和研讨会可以由国际法治组织、高校和非营利机构举办。

4. 跨国研究合作

跨国研究合作项目可以有助于探讨国际法治问题，研究合作可以涉及国际法、人权法、国际商法等多个领域，为法治教育提供更丰富的内容。

5. 专业交流

法律专业人士、法官和律师之间的专业交流也是国际化合作的一部分，这种交流可以帮助不同国家的法律从业者了解不同法律体系，促进国际合作和法治观念的传播。

（三）合作的利益与挑战

1. 利益

① 知识共享：国际化合作可以使不同国家和地区的法治知识得以共享，丰富法治教育内容。

② 法治观念传播：国际化合作有助于促进法治观念的传播，使全球范围内的公民都能够理解法治的重要性。

③ 全球问题解决：国际合作可以为解决全球性问题提供法治支持，如环境问题、人权问题等。

2. 挑战

① 文化差异：不同国家和地区有不同的文化和法律体系，可能存在文化差异和法律差异，需要克服。

② 资源不均衡：一些国家可能拥有更丰富的法治教育资源，而其他国家资源匮乏，需要协助和支持。

③ 语言障碍：语言差异可能成为国际化合作的障碍，需要寻找适当的语言沟通方式。

④ 政治因素：国际化合作可能受到政治因素的影响，需要谨慎处理政治问题。

国际化合作是推动法治教育资源的共享和传播的重要途径。通过交流、研究、教育项目、培训和跨国研究合作，国际社会可以更好地分享法治知识、促进法治观念的传播，并为解决全球性问题提供法治支持。然而，国际化合作也面临文化差异、资源不均衡、语言障碍和政治因素等挑战，需要积极应对。最终，国际化合作将有助于建设一个更加法治化的全球社会，培养更多具备法治观念的公民，促进社会的公平正义和法治发展。

（四）促进法治教育资源国际化合作的途径

以下是一些可能的举措，以进一步推动法治教育资源的国际化合作。

1. 建立国际化合作机构

创建国际法治教育机构或联盟，以促进各国之间的资源共享、交流和合作。这些机构可以提供指导和资源，鼓励不同国家的法治教育者共同开展项目和研究。

2. 跨文化教材开发

合作开发多语言和跨文化的法治教材，以满足不同地区和文化的学生需求。这将有助于弥合文化差异，提高教育资源的普及度。

3. 国际交流项目

鼓励学生和教育工作者参与国际交流项目，促进跨国的法治教育体验。这可以包括学生交换、访问学者项目和国际研讨会。

4. 在线教育平台

利用现代技术建立国际化的在线法治教育平台，使学生可以轻松访问全球的法治资源。这种平台可以提供在线课程、讲座、研讨会和资源库。

5. 推广国际交流

政府、非政府组织和教育机构可以提供奖学金和资助，鼓励学生和教育工作者参与国际交流项目，以扩大国际化合作的范围。

6. 国际研究合作

支持跨国研究合作项目，以解决全球性法治问题。这可以包括联合研究项目、国际研讨会和研究机构合作。

国际化合作不仅有助于法治观念的传播，还可以促进全球问题的解决。它为个体提供了更广泛的法治教育机会，同时也有助于维护国际社会的和平与稳定。国际社会应积极投入资源和精力，加强国际化合作，以实现法治教育的全球普及，为更加公平、正义和和谐的全球社会作出积极的贡献。

参考文献

［1］杨仁财. 新时代全面依法治国方略与大学生法治教育研究［M］. 西安：陕西师范大学出版总社有限公司，2022.

［2］舒畅. 大学生法治认同度调查和提升路径研究［M］. 北京：中华工商联合出版社，2021.

［3］陈诚. 当代大学生法治教育问题研究［M］. 北京：中国政法大学出版社，2022.

［4］孙艳秋.《思想道德与法治》教学十问［M］. 芜湖：安徽师范大学出版社，2022.

［5］孙世玉，赵艺谦. 青春该有的样子：当代大学生品质培育与养成［M］. 济南：山东大学出版社，2021.

［6］马建青，孙叶飞. 学思践悟 奋发有为：思想道德与法治实践教程［M］. 北京：中国民主法制出版社，2021.

［7］路丙辉. 丙辉漫谈. 给学生的回信［M］. 芜湖：安徽师范大学出版社，2022.

［8］路丙辉. 丙辉漫谈. 青春彼岸的爱情［M］. 芜湖：安徽师范大学出版社，2022.

［9］王俊杰，于起超. 正向引力：如何防治校园欺凌和暴力［M］. 青岛：青岛出版社，2019.

［10］韩卫平，乔巧巧. 大学生活与法律［M］. 北京：中国商业出版社，2021.

［11］ 来小鹏，李玉香. 知识产权法案例研习［M］. 北京：中国政法大学出版社，2022.

［12］ 施卫华. 研究生导学权力-权利适配性研究［M］. 厦门：厦门大学出版社，2022.

［13］ 王健，王恒亮，郭凤丽. 法律基础与教育研究［M］. 北京：线装书局，2021.

［14］ 彭卫东. 大学生法律教程［M］. 北京：光明日报出版社，2021.

［15］ 牛菲，路丙辉.《思想道德与法治》实践教程［M］. 芜湖：安徽师范大学出版社，2022.

［16］ 段海风，廖芳. 大学生创新创业法律实务教程［M］. 北京：机械工业出版社，2022.

［17］ 张艳，杨晓燕，张建东.《思想道德与法治》专题教学案例解析［M］. 天津：天津大学出版社，2022.